中世から近世へ

水軍と海賊の戦国史

小川雄

平凡社

装幀　大原大次郎

水軍と海賊の戦国史◉目次

はじめに——多様な海賊のあり方。彼らはどこからきて、どこに消えたのか

本書のテーマは、「水軍《すいぐん》」と「海賊」という視点を介しながら、戦国時代（中世）から江戸時代（近世）への移行を論じることにある。

戦国期の水軍・海賊については、アカデミックの分野（論文・学術書など）でも、フィクションの分野（小説など）でも、陸上の世界とは異質の存在として語られ、豊臣政権期から江戸時代初頭（中近世移行期）にかけて、姿を消していったかのように論じられることもある。この場合の水軍・海賊の異質さとは、上位権力（大名など）に包摂されずに、存立・活動する自立性の高さと同義である。中世における自由・自立を称揚しつつ、近世を「暗黒時代」や「冬の時代」と位置づける類型の議論に通じるものがあるだろう。

しかし、戦国期の水軍・海賊に関する議論を自立性に集約させることは、かえって水軍や海賊の研究が持つ可能性を狭めているように感じられる。水軍・海賊の存在が戦乱の時代の「徒花《あだばな》」でしかないならば、その歴史的意義も自《おの》ずと限定されてしまうはずである。

そもそも、水軍も海賊も、江戸時代に消滅したわけではない。徳川将軍家や諸大名は、太平の世にあっても、水軍の編成を維持しており、統括にあたる船奉行などに、海賊の系譜を引く人間を起用することも多かった。従来の水軍論・海賊論も認めている事実だが、「陸に上がった」などと表現され、あまり積極的には評価されない。しかし、近世においても、水軍はけっして形骸化しておらず、むしろ有事に際しては、戦国期よりも大規模に運用される局面すらあった。たしかに、将軍権力・大名権力の枠組みに編入され、高い自立性を見出すことはできないだろう。その一方で、将軍権力・大名権力を海上で行使して、より活動の規模・範囲を広げるようになったという見方も成り立つのである。

著者は近世という時代を「列島全域で進行した大小の領域権力（戦国大名・国衆）の群立状況を前提としながら、将軍・大名による秩序が運営された時代」と理解し、水軍や海賊も、こうした時代の趨勢《すうせい》に適応したと位置づけている。そのため、著者は水軍論・海賊論において、中世と近世の断絶性ではなく、中世から近世への連続性を重視することにしている。これまでは、もっぱら徳川氏（国衆・戦国大名から天下人に昇華）を中心として、研究をおこなってきたが、そこから得られた論理は、より広い範囲に適用できると見込まれる。

戦国期の水軍論・海賊論が直面しているいまひとつの問題点は、瀬戸内海の村上《むらかみ》氏に関心が偏っていることである。著者も村上氏の重要性は十分に認識しているつもりだが、同じ瀬戸内海に限っても、多様な海上勢力が存立していたことにも視角を向けなければならないと考えている。無論、これは徳川氏の水軍・海賊を専門とする著者にもあてはまる。地域や勢力ごとの特性をあぶり出しつつ、最大公約数も導き出して、水軍論・海賊論が戦国期・中近世移行期をめぐる議論で持ちうる可能性を大きくしていくのが著者の課題である。

本書では、空間（瀬戸内から東海・関東）と時間（戦国期から十七世紀中頃）を広くとりながら、戦国期と中近世移行期における水軍・海賊のあり方とその変容を描き出していきたい。空間・時間とも、範囲に不足はあるだろうが、今後の議論を進展させる一石にでもなれば幸いである。

第一章　戦国時代の水軍と海賊

水軍≠海賊——水軍の定義、海賊の定義

本章では、戦国時代における水軍と海賊のあり方を概観して、次章から個別のテーマを論じていくことにしたい。

まず水軍について、最大公約数に近い定義を提示するならば、軍事的運用を目的として編成された船団、ということになるだろう。規模の大小、編成方式（臨時・常備）の相違などがあるとしても、古今東西の水軍・海軍に適用しうる論理である。

戦国時代の水軍について、特徴を見出そうとする場合に着目すべきは、領域権力が編成の主体となっていたことであろう。戦国時代には、日本全域で領域権力が形成され、海浜《かいひん》・島《とう》嶼《しょ》・港津《こうしん》なども支配の対象とされた。そして、沿海部で領域支配を展開する権力が直接・間接を問わず、船舶や海民を軍事的に動員し、あるいは軍用船を保有して、大小の水軍を編成した。

水軍の編成においては、海賊が重要な構成因子となった。そのため、水軍と海賊は、同義に捉えられることも多い。たとえば、瀬戸内海の村上一族は、しばしば「村上水軍」と表記・呼称される。しかし、水軍と海賊は、かならずしも一致しない。編成の主体は、あくま

でも領域権力であり、海賊は不可欠の存在というわけではなかった。
たとえば、玉縄北条氏《たまなわほうじょう》の場合、戦国大名北条氏の一門として、相模《さがみ》国東部の支配を委任され、房総里見氏《ぼうそうさとみ》の海上攻勢を防ぎつつ、房総半島に渡海するうえで、独自に水軍を編成しており、当主座乗の大船まで所持していた。玉縄北条氏の所領は、三浦半島から神奈川湊《みなと》周辺にも展開しており、この地域の海民や造船技術などによって、水軍を編成したのである。また、伊勢《いせ》国衆の田丸《たまる》氏（伊勢北畠《きたばたけ》氏庶流）も、南伊勢の沿岸地域に領域を展開し、志摩《しま》海賊の九鬼《くき》氏と同様に、織田《おだ》氏・羽柴《はしば》氏から水軍としての軍役を求められた。このように、海賊ではなかったとしても、所領に海浜・港湾などを有して、船舶や海民を軍事的に動員・組織する要件を満たしていれば、水軍の編成は十分に可能であった。

水軍と海賊を同一視できないとすると、水軍とは別に、海賊の定義を提示する必要も生じてくる。これも最大公約数的に整理するならば、規模の大小を問わず、海上活動を存立の主要基盤とする軍事勢力、ということになるだろう。ただし、この定義を適用できる勢力は古代から存在しており、戦国時代の特色とは評価し難い。

戦国時代における海賊の存在形態は多様ながら、領域権力との関係性を指標にすると、基本的に❶領域権力が編成した水軍に参加し、あるいは編成・指揮まで委ねられる海賊（甲斐《かい》武田氏家中《かちゅう》の小浜《おはま》氏、相模北条氏家中の梶原《かじわら》氏など）、❷領域権力として自立する海賊（能島《のしま》村上氏・来島《くるしま》村上氏など）に大別できる。

さらに、海上活動を展開する軍事勢力を指す概念用語としての海賊と、史料上で軍役の内容を示す「海賊」の文言も、ある程度区別して捉えなければならない。たとえば、駿河《するが》今川《いまがわ》氏の領国では、戦時に「惣海賊」と称して船舶を軍事動員する体制が整備されており、土豪《どごう》・商人から寺院の持船《もちぶね》まで動員の対象としていた。このように、水軍の成員の性質を問わず、海上軍役を「海賊」の文言によって表現することもあった。

これに対して、海上勢力としての海賊の活動の内容は、海路の支配、廻船《かいせん》の運用、漁業の経営、海上の軍役などの多岐にわたる。とくに海上交通への関与は、状況次第で暴力的・強制的に執行されるため、無法行為をなす主体として古来より「海賊」と称される主因となる一方で、海上交通の安全を請け負う存在として「警固《けいご》」と称されることもあった。つまり、「海賊」「警固」とは、海上交通との関わり方の二面性によって生じた呼称だったのである。

とくに内海地域（瀬戸内海・伊勢湾など）は、船舶を安定的に運用できる一方で、無数に点在する島を拠点として、航路に対する監視・干渉をおこないやすい環境であり、海上交通から利潤を吸い上げた海賊の成長を促進する一因となった。

海賊だから自立的なのか

戦国時代の海賊については、その自立性がしばしば指摘されるものの、すべての海賊が高度の自立性を有したわけではない。あるいは、海賊であるゆえに、自立的だったというわけではないと言い換えることもできるだろう。

瀬戸内西部の能島村上氏や来島村上氏は、たしかに状況に応じて帰属する相手を変更した。しかし、こうした動向は、戦国大名と国衆の間で普遍的に確認される事象であって、海賊の特殊性として捉えることは不適当である。能島村上氏・来島村上氏の場合も、上位権力との主従関係を前提とせずに支配領域を形成することで、国衆として自立性を保持したのであって、海上活動が自立性を担保していたわけではない。戦国時代において、自立性を確保する要件は、海陸のいずれでも、勢力の規模や自己完結性であった。ここでいう自己完結性とは、領域・家中を自力で経営できているかどうかを尺度とする。能島村上氏・来島村上氏は、まさに単体で「国家」を形成していたがゆえに自立的だったとみるべきだろう。

このように、国衆としての性格を見出せる海賊が存在する一方で、所領や港湾の支配について、自己完結性を欠くために、戦国大名などの領域権力と深く結合し、その水軍を構成する海賊も存在した。勢力の規模が小さく、自立性が低かったとしても、上位の権力に寄り添い、その水軍を支えることで、海上活動の規模を拡張するという選択肢もありえたのである。

そもそも、海上という環境を過度に特殊視することは、かえって海賊をめぐる議論があらぬ方向に誘導される懸念もある。能島村上氏や来島村上氏の場合、能島・来島とその周辺の島のみを支配するのではなく、瀬戸内海西部の広い範囲に所領をちりばめさせ、さらに船舶を運用することで、各地の所領を航路によって連結・維持した。こうした状況は、たしかに海賊としての特性を想定させるかもしれない。しかし、三河《みかわ》国衆の田原戸田《たはらとだ》氏が渥美《あつみ》半島一帯、尾張《おわり》国衆の大野佐治《おおのさじ》氏が知多《ちた》半島の西岸中部に領域を形成する一方で、知多半島南端の幡豆崎《はずさき》を共同で支配した事例などを考慮すると、海賊のみが船舶を駆使し、遠隔地の所領を保持していたと理解することはできない。

さらに海賊の軍事行動に目を向けると、かならずしも海上戦闘に限定されていない。たとえば、来島村上氏は来島を中核とする支配領域を形成しつつ、伊予河野《いよこうの》氏を支える立場にもあり、とくに永禄《えいろく》十一年（一五六八）の鳥坂《とさか》合戦では、来島村上氏の軍勢が河野方の中心となって、土佐一条《とさいちじょう》氏の伊予国侵入を退けている。このように、領域権力として自立する海賊は、その動員力によって、陸上戦闘でも中心的な役割を果たしえたのである。

なお、国衆ではないが、讃岐塩飽《さぬきしわく》衆や紀伊雑賀《きいさいが》衆も、自立性を保ちつつ、水軍を編成・運用していた。とくに塩飽衆は瀬戸内海の廻船事業を展開しており、論者によっては、海上活動が自立性を担保した事例に位置づけるかもしれない。しかし、塩飽衆は塩飽諸島、雑賀衆は紀《き》ノ川《かわ》河口部周辺という特定の領域の中で結合した集団であり、戦国大名や国衆とは類型を異にするとしても、広義の領域権力に分類すべきである。さらに塩飽衆の場合は操船《そうせん》能力、雑賀衆の場合は鉄砲運用能力が勢力の規模を補い、自立性を保持させたということだろう。

水軍をめぐる呼称――「警固衆」「海賊衆」から「船手」へ

戦国時代において、「水軍」という文言を一次史料で確認することはできない。つまり、「水軍」の語彙は、学術用語・概念用語として捉えるべきである。また、各地の領域権力が編成した水軍について、現在では「海賊衆」の呼称を適用することが多い。ただし、この場合の「海賊衆」とは、水軍と同様に便宜的な呼称である。つまり、同時代史料で「海賊衆」（または「海賊」）の文言を確認できる地域は、関東・東海（三河以東）が中心であって、日本全域に広がっていたわけではなかった。

それとは対照的に、水軍論・海賊論が主要な対象とする瀬戸内海において、水軍を表現する史料上の文言は「警固衆」（または「警固」）が主流であって、「船手《ふなて》」（「船の部隊」の意）

の文言も使用されていた。

そもそも、「海賊」の文言自体は、早くから使用されており、海上の軍事活動を「海賊」文言によって表現する慣習も南北朝期には成立していた。ところが、室町時代の瀬戸内海では、海賊や海上軍役に関する呼称を転換させる要因が存在した。すなわち、足利将軍家が海賊に対して、瀬戸内海を航行する外国船・遣明船《けんみんせん》などの警固役をしばしば命じ、戦国期には海賊・海上軍役は「警固」の文言によって表現されるようになったのである。

その一方で、三河湾以東では、海賊を警固役に動員する場面が相対的に少なく、海賊・海上軍役に「海賊」の文言を使用する慣例が残り、戦国時代には、領域権力が編成した水軍やその成員に「海賊衆」の文言を適用するようになった。

このように、「警固衆」「海賊衆」とは、地域差によって生じた文言の相違でしかなく、その性質に大きな差異を見出すことはできない。

やがて十六世紀末から十七世紀初頭にかけて、東西ともに水軍の呼称は「船手」が主流になっていく。そして、この変化は、豊臣政権の成立と関連していた。

織田家臣時代の羽柴秀吉《ひでよし》は、一五七〇年代後半から中国地方の経略にあたり、まず東瀬戸内地域（播磨《はりま》国など）で領国形成を開始したこともあって、同地域で「警固衆」と並行して使用されていた「船手」の文言を水軍の呼称として用いた。その秀吉が日本全域の領域権力を統合したため、豊臣《とよとみ》政権下の諸大名も水軍の呼称を「警固衆」「海賊衆」などから「船手」に切り替えるようになったのである。さらに十七世紀以降、政治秩序を主導した徳川将軍家も、東海大名時代に「海賊衆」文言を使用していたが、やはり豊臣政権のもとで「船手」文言を採用し、政権掌握《しょうあく》の後も「船手」文言の使用を継続した。

こうして、戦国時代の終盤に至り、水軍を表現する文言は、豊臣政権によって「船手」に塗り替えられていき、徳川将軍家のもとで固定化された。つまり、「船手」文言の普及とは、羽柴秀吉の領域支配が東瀬戸内地域から列島規模に拡大していったことから進行した現象であり、文言自体が特別な意味を有したわけではなかったのである。

領域権力と水軍・海賊①——安芸毛利氏の素描

戦国時代に水軍を編成した戦国大名としては、安芸毛利《あきもうり》氏の事例がよく知られている。そこで、毛利水軍のあり方から、大名権力と水軍・海賊の関係を素描してみる。

基本的に、戦国大名（および国衆）の水軍は、❶直属の水軍、❷従属勢力の水軍、によって構成された。そして、海賊の軍事活動も、自立性の強弱によって、❶❷の類型のいずれかに分類できる。すなわち、領域権力として自立しうる海賊は従属関係のもとで水軍を率いて

能島城跡（画像提供：村上水軍博物館）

参陣し（❷）、自立しえない海賊は大名権力と結合して水軍編成を請け負う（❶）、という仕組みだった。

毛利氏の場合、本来は安芸国内陸部の国衆であったが、元就《もとなり》の代に勢力を拡大し、やがて瀬戸内海の西部一帯に領国を形成するようになった。その過程において、毛利氏は佐東《さとう》川河口部を拠点に直属水軍の川《かわ》ノ内《うち》警固衆を編成する一方で、一門化した小早川《こばやかわ》氏にも水軍を編成させ、さらに村上諸氏（能島・来島・因島《いんのしま》）などを水軍に参加させていった。前掲の整理に則《のっと》ると、川ノ内警固衆が❶、小早川氏の水軍や村上諸氏が❷にあてはまる。

毛利氏は能島村上氏や来島村上氏に離反されることもあったが、水軍全体の瓦解《がかい》には至らず、むしろ能島村上氏・来島村上氏を圧倒して再度従属させている。直属水軍の拡充によって、従属勢力の離反が抑制されたことになる。領域権力として存立していた海賊であっても、戦国大名の成長・成熟に伴い、自立性の幅を狭められていくのが趨勢だったとも理解できる。

その一方で、毛利氏の直属水軍は、安芸武田氏・周防大内《すおうおおうち》氏に従属していた海賊を帰順させることで進行しており、譜代の児玉就方《こだまなりかた》などが統括していた。

毛利氏は佐東川河口部で川ノ内警固衆を編成するにあたり、児玉就方を安芸草津《くさつ》城に入部させ、警固衆の中心的存在に位置づけた。そして、毛利氏が周防大内氏を滅亡させると、旧臣の沓屋《くつや》氏なども児玉就方の指揮下に組み込まれており、毛利氏領国の拡大に伴い、児玉就方の権限が順次拡充していった。この児玉就方の役割は、子息の就英《なりひで》にも引き継がれた。

また、元就三男の隆景《たかかげ》が相続した小早川氏でも、庶流の乃美宗勝《のみむねかつ》が水軍の指揮や村上諸氏との折衝《せつしよう》を担当しつつ、毛利家中から出向した井上春忠《いのうえはるただ》も水軍を指揮していた。小早川氏の水軍も、❶直属の水軍（井上春忠）、❷従属勢力の水軍（乃美宗勝）に分かれていたことになる。

こうした児玉就方や井上春忠の活動は、毛利氏が海上軍役をつとめる家を新規に創出した事例であった。向背《こうはい》が定まらない従属勢力に依存せず、より信頼性の高い水軍編成体制を整備しようとする動向としても位置づけられる。さらに水軍への参加は、海上活動の展開や沿海地域の支配について、代を重ねることを必須としておらず、環境（沿岸部の城郭・所領など）さえ用意されていれば、十分に海上軍役に対応できたことも示していた。

そして、海上軍役を担う家の新規創出は、毛利氏特有の手法というわけではなく、後に豊臣政権がより大規模に展開していくことになる。

領域権力と水軍・海賊②――関東・東海の状況

次に関東・東海でおこなわれた水軍編成をみていきたい。一般的には、西国や瀬戸内海の水軍・海賊の実力（自立性）が強調され、東国の水軍・海賊はあたかも弱体であったかのような印象が広まっている。しかし、子細に検証していくと、関東や東海における水軍・海賊の活動が戦国期から江戸初期の海上軍事に大きな影響を及ぼした状況が浮かび上がってくる。

この地域では、伊勢湾・紀伊半島の海賊が大きな存在感を示した。伊勢湾・紀伊半島では、畿内の経済圏と太平洋海運の結節点という環境から廻船業が盛んであり、かつ捕鯨《はげい》などの漁業も発達していた。そして、この海域に蓄積された海事技術を軍事面に転用した海賊が、戦時に高い技量を発揮したのである。

そのため、相模北条氏や甲斐《かい》武田氏は、伊勢・紀伊方面から海賊を招聘《しょうへい》し、むしろ領国で発祥した海賊よりも重用するようになった。また、こうして関東・東海に渡海した海賊は、領域権力としての自立性を持ちえず、主家《しゆけ》から与えられた権限の範囲で海上活動を維持・展開した。具体的には、武田氏海賊衆の向井《むかい》氏が竹木の伐採地を指定された事例、北条氏海賊衆の梶原氏が直轄領からの番銭《ばんせん》徴収を認められた事例などを指摘できる。

さらに志摩国では、九鬼氏が尾張織田氏と結びつき、領域権力として成長するようになった。元来、志摩国の諸海賊は、伊勢国司《こくし》の北畠氏に従属していたが、北畠氏が織田信長《のぶなが》に従属し、信長次男の信雄《のぶかつ》が北畠氏の家督を相続すると、九鬼嘉隆《よしたか》は信長・信雄父子から志摩海賊を束ねる立場に引き立てられた。また、九鬼嘉隆は織田信長の命令で大船六艘を建造して、天《てん》正《しよう》六年（一五七八）から大坂湾に出動し、北畠信雄から提供された水軍とともに、大坂本願寺の海上封鎖にあたりつつ、毛利氏や雑賀衆の水軍と対峙した。そして、こうした軍事行動を通じて、九鬼嘉隆は志摩海賊との紐帯《ちゆうたい》を強め、やがて織田氏との関係を前提とせずに、領域・

織田信長像（長興寺蔵）

家中を運営するに至った。

その一方で、九鬼氏の台頭に圧迫された志摩海賊の一部は、武田氏に招聘されて駿河湾地域に移り、武田氏の海賊衆に参加して海上活動を継続した。とくに小浜氏は、武田氏滅亡後も徳川氏の海賊衆として重きをなし、十七世紀初頭に徳川将軍家が成立すると、一六二〇年代から大坂船手に起用され、大坂城下の水軍を統括しつつ、西国大名の水軍を監察した。

このように、戦国期終盤から江戸期初頭とは、伊勢湾・紀伊半島の海賊が関東・東海の戦国大名と結びつき、とくに織田氏・徳川氏の西国進出に対応して大坂湾に進出した時代でもあった。

水軍運用のあり方

水軍の活動としては、兵員・物資の輸送（および情報の通信）、海上交通の遮断、敵対勢力の領域沿岸に対する襲撃などがあげられ、状況によっては、こうした活動を阻止するための軍事行動が水軍同士の海戦に繋《つな》がった。とくに江戸湾においては、相模北条氏と房総里見氏の水軍が対岸の襲撃を繰り返し、やがて江戸湾両岸の諸村で北条・里見両氏に租税を納め、襲撃を免れる「半手《はんて》」といわれる慣習も形成されていった。また、水軍に参加している海賊が、軍事行動から逸脱して商船などを襲撃することもたびたびあり、水軍の運用においては、そうした無法行為の統制も課題となった。

海戦に際しては、弓矢・鉄砲などが多用され、焙烙《ほうろく》火矢（球形の容器などに火薬を詰めて投射）のような特殊兵器が使用されることもあった。さらに接舷《せつげん》して白兵《はくへい》戦闘に及んだ場合は、陸戦と同様に首取りもおこなわれた。なお、大型火器の搭載数は少なく、織田信長が九鬼嘉隆に建造させた大船も、実見した宣教師の記録によると、大砲の装備は一艘に三門程度であった。大砲の生産・性能が未熟だったことも相俟《あいま》って、大砲による船体の破壊よりも、矢玉・刀槍による乗員の殺傷、あるいは火矢などによる船体の燃焼が重視されていたのだろう。

「肥前名護屋城図屏風」に描かれた安宅船
（佐賀県立名護屋城博物館蔵）

また、軍事運用に特化した船舶も建造され、安宅船《あたけぶね》のように、大型の船体に多数の兵員・火力を乗せた船や、高所の利を得るために甲板の上に櫓《やぐら》を設置した船などが出現した。あるいは、船体に鉄板による装甲を施すこともあり、鉄甲で覆われた船は「黒船《くろふね》」、木造の船体を露出した船は「白船《しろふね》」として区別された。

ところで、当時の船舶は、動力として櫓《ろ》（人力）と帆《ほ》（風力）を併用していた。そのため、船体のサイズは、櫓の数（「（数）挺立」）や、帆の大きさ（「（数）端帆」）によって表現されることもあった。とくに櫓走は帆走と比較して天候の影響が小さく、水軍編成の主体は中小の船体により多くの櫓と漕ぎ手《こて》を乗せて推力を増し、「早船」に仕立てようとした。

さらに水軍の運用を前提として築かれた海城《うみじろ》も存在する。具体的には、❶船舶を収容するための船蔵《ふなぐら》・船溜《ふなだま》りを備えた城郭、❷島全体を要塞《ようさい》化した城郭などである。とくに❶の城郭は、海賊だけではなく、水軍編成の主体となる領域権力も築城し、江戸時代にも存続した事例（三河田原城・讃岐高松《たかまつ》城など）を見出せる。

豊臣政権と水軍大名

天正十年（一五八二）以降になると、羽柴（豊臣）秀吉が領域権力の統合を急速に進め、さらに一五九〇年代から対外戦争（文禄《ぶんろく》・慶長《けいちょう》の役）を遂行し、より大規模に水軍を編成・運用していった。この豊臣政権の水軍も、❶直属の水軍、❷従属勢力（毛利氏など）の水軍、に大別することができる。規模の大小を度外視すれば、基本的な構造は戦国大名・国衆の水軍から変わっていない。

秀吉は、織田信長の重臣として中国経略を指揮していた時期から独自に水軍を編成しており、淡路《あわじ》沖で毛利氏の水軍を撃破するなど、大きな成果をあげていた。この段階で、秀吉の水軍を指揮していたのは、堺商人の系譜に属する小西行長《こにしゆきなが》などであり、秀吉分国（播磨国など）から動員された船舶などを集約・指揮する立場にあった。毛利水軍の児玉就方・井上春忠と同様に、領域権力によって新規に創出された水軍指揮官の事例に該当する。

そして、秀吉の軍事行動が広大化していくと、「水軍大名」と称すべき領域権力も形成されていった。

羽柴氏領国の中核となった大坂湾地域では、淡路安宅《あたぎ》氏が有力な水軍を編成していたが、羽柴氏は安宅氏を淡路国から移封《いほう》する一方で、直臣の脇坂安治《わきさかやすはる》や加藤嘉明《かとうよしあき》を淡路国に入部させ、海上勢力の軍事動員を委ねた。また、後に加藤嘉明は伊予国松前《まさき》に転封《てんぽう》され、藤堂高虎《とうどうたかとら》も伊予国板島《いたじま》に入部し、水軍としての軍役を果たした。つまり、豊臣政権は淡路国・伊予国に領域権力を創出し、両国の海上勢力を基盤にして、水軍の拡充を進めたのである。

また、豊臣政権は領域権力として存立していた海賊も服属させ、内外の戦役に水軍として従軍させた。志摩国鳥羽《とば》の九鬼嘉隆、紀伊国新宮《しんぐう》の堀内氏善《ほりのうちうじよし》、伊予国来島の村上通総《みちふさ》など

羽柴秀吉像（高台寺蔵）

である。

なお、秀吉死後に羽柴氏が政権を喪失した段階でも、大坂城下には水軍が配備されており、大坂冬の陣で徳川方の水軍と交戦した。領域権力に引き上げた直臣に水軍を編成させる一方で、羽柴氏当主（秀吉・秀頼）の親衛隊としての水軍も組織していたことになる。

さらに諸大名も、豊臣政権の対外戦争路線によって海上の軍役が拡大されていく状況に適応するために、水軍の編成体制をさらに整備した。つまり、特定の家に海上の軍役を課すだけではなく、領国・家中全体で船舶の建造や人員の徴発を執行する方式が志向されたのである。こうした変化は、現実に朝鮮で転戦した大名家にとどまらず、肥《ひ》前《ぜん》名《な》護屋《ごや》に在陣して渡海しなかった大名家（徳川氏など）にも及んだ。

文禄の役の緒戦において、日本水軍は朝鮮水軍の攻勢に圧倒され、釜山《プサン》に侵攻されたこともあったが、やがて沿岸城郭との連携によって朝鮮水軍の活動を抑制することに成功した。また、慶長の役緒戦の巨済島《きょさい》海戦で朝鮮水軍を壊滅させ、終盤の露梁《ろりょう》海戦でも明水軍の鄧子竜《とうしりゅう》と朝鮮水軍の李《り》舜臣《しゅんしん》などを討死《うちじに》させた。この間に瀬戸内海賊の来島村上通総・得居《とくい》通幸《みちゆき》兄弟が、朝鮮水軍との海戦で討死したものの、いずれも大勢に影響を及ぼすことはなかった。水軍の規模がより巨大化していく動向にあって、領域権力として自立する海賊の存在は、重要性を低下させていたのである。

徳川将軍家と水軍

十七世紀に入ると、政治秩序の中心が豊臣政権から徳川将軍家に移る。そして、徳川将軍家にとって、朝鮮出兵を経て肥大化した西国諸大名の水軍の統制が課題となった。

慶長十四年（一六〇九）、徳川将軍家は西国の諸大名に命じて、安宅船を中心とする五〇〇石《こくづみ》積以上の大型船舶を淡路国に廻航させ、船手頭《ふなてがしら》の向井忠勝《ただかつ》・小浜光隆《みつたか》や志摩鳥羽城主の九鬼守隆《もりたか》に接収させた。以後、諸大名の軍船は原則として五〇〇石積以下に制限されたが、これは水軍の解体を意味する措置ではなかった。慶長十四年以降も、諸大名は五〇〇石積を越えない範囲で軍船を建造して、水軍の整備を継続したのである。

徳川家康像（名古屋市博物館蔵）

徳川将軍家も旧甲斐武田氏海賊衆の向井氏・小浜氏を中心に直営の水軍を編成し、江戸や大坂などに配備した。とくに江戸城には「龍口《たつのくち》」と称される船《ふな》着場《つきば》が設置され、「江戸図屏風」（国立歴史民俗博物館蔵）においても、船蔵を備えた向井氏の屋敷（一八七頁図）や将軍のために組織された船行列の威容が描き込まれている。また、隅田《すみだ》川河口部の石川《いしかわ》島は、船手頭の石川政次《まさつぐ》の屋敷であったことを由来とする。このように、十七世紀前期の江戸城下は、水軍運用を相応に意識した構造であった。

なお、徳川将軍家はポルトガル船の来航を禁じると、寛永《かんえい》十七年（一六四〇）から三ヶ年にわたって江戸常駐の水軍を西国に派遣し、各地の港湾を調査させた。そして、正保《しょうほう》四年（一六四七）にポルトガル使節が通商再開を求めて長崎に来航すると、徳川将軍家は九州の諸大名に警備を命じ、朝鮮出兵を上回る規模の水軍を長崎に集結させ、ポルトガル船を監視・威圧して退去させた。当時のオランダ商館長はその陣容を酷評したものの、戦国期から継続して整備されてきた水軍運用の一つの到達点を示す事例であろう。

十七世紀に入り、たしかに戦乱は終息したが、徳川将軍家や諸大名は、勢力の均衡を保ちつつ、対外的緊張に対応するために、水軍を抑止力として維持していた。一部の論者が語るように、九鬼氏・来島村上氏などが海上活動から離脱したことを過大視し、江戸時代に水軍が解体されたとする見方は不適当である。徳川将軍家が向井氏・小浜氏を重用したように、諸大名の水軍でも、海賊の系譜を引く船奉行が任用される傾向が確認され（毛利家中の能島村上氏など）、戦国時代からの連続性として指摘できる。水軍の規模拡張に伴い、領域権力としての海賊の重要性は低下したが、それでも水軍をより有効に運用するうえで、海賊の系譜に連なる指揮官の存在は有用だったのである。戦国時代から水軍編成における大名権力と海賊の結合は進行しており、江戸時代の水軍編成のあり方はその帰結だった。

その後、十九世紀以降に、ヨーロッパ各国の船舶が日本周辺海域に出没するようになると、徳川将軍家や諸大名の水軍は事態に満足に対応できなかった。しかし、それは長期の平和を経て、水軍の練度や動員力が低下していたことに加え、ヨーロッパで軍事革命が進行し、日本（および非ヨーロッパ地域全体）の軍事力全般が相対的に陳腐化した結果であった。徳川将軍家や諸大名が意図的に水軍を無力化させたわけではない。

第二章　瀬戸内海の水軍と海賊

村上一族の繁栄

瀬戸内海の海賊としては、西部海域に群立した村上一族がよく知られている。その起源は不明だが、室町時代の段階で、複数の家が分立《ぶんりつ》して、海上活動を展開していた。伊予河野氏の伝承によると、河野通堯《みちたか》(通直)は一三六〇年代に細川頼之《ほそかわよりゆき》の攻勢に圧迫されると、能島の村上義弘などの船団に救援され、能美島《のうみ》・屋代島《やしろ》を経由して、九州の征西将軍府《せいせいしょうぐんふ》の庇護下に入っている。また、通堯が伊予国に復帰した際も、村上義弘の船団が協力したという(『予章記《よしょうき》』)。ただし、村上義弘の実在性は疑問視されており、後の河野氏・来島村上氏との主従関係から、遡及的に造型されたのが実情であろう。

村上一族の海上活動は、むしろ足利将軍家の秩序の中で確認されていく。たとえば、永享《えいきょう》六年(一四三四)には、備後《びんご》村上氏が備後国守護の山名《やまな》氏に指示されて、帰国した遣明船の北九州通航の警固に参加した(『満済准后日記《まんさいじゅんごうにっき》』)。この警固は、備後国や四国の「海賊」を動員したものであり、将軍・守護は瀬戸内海の海上勢力を利用し、舶来品を積載してきた遣明船が北九州で海賊に襲撃される事態を予防したのである。瀬戸内海賊の実力によって、九州海賊の不法行為に対抗させるという構図である。

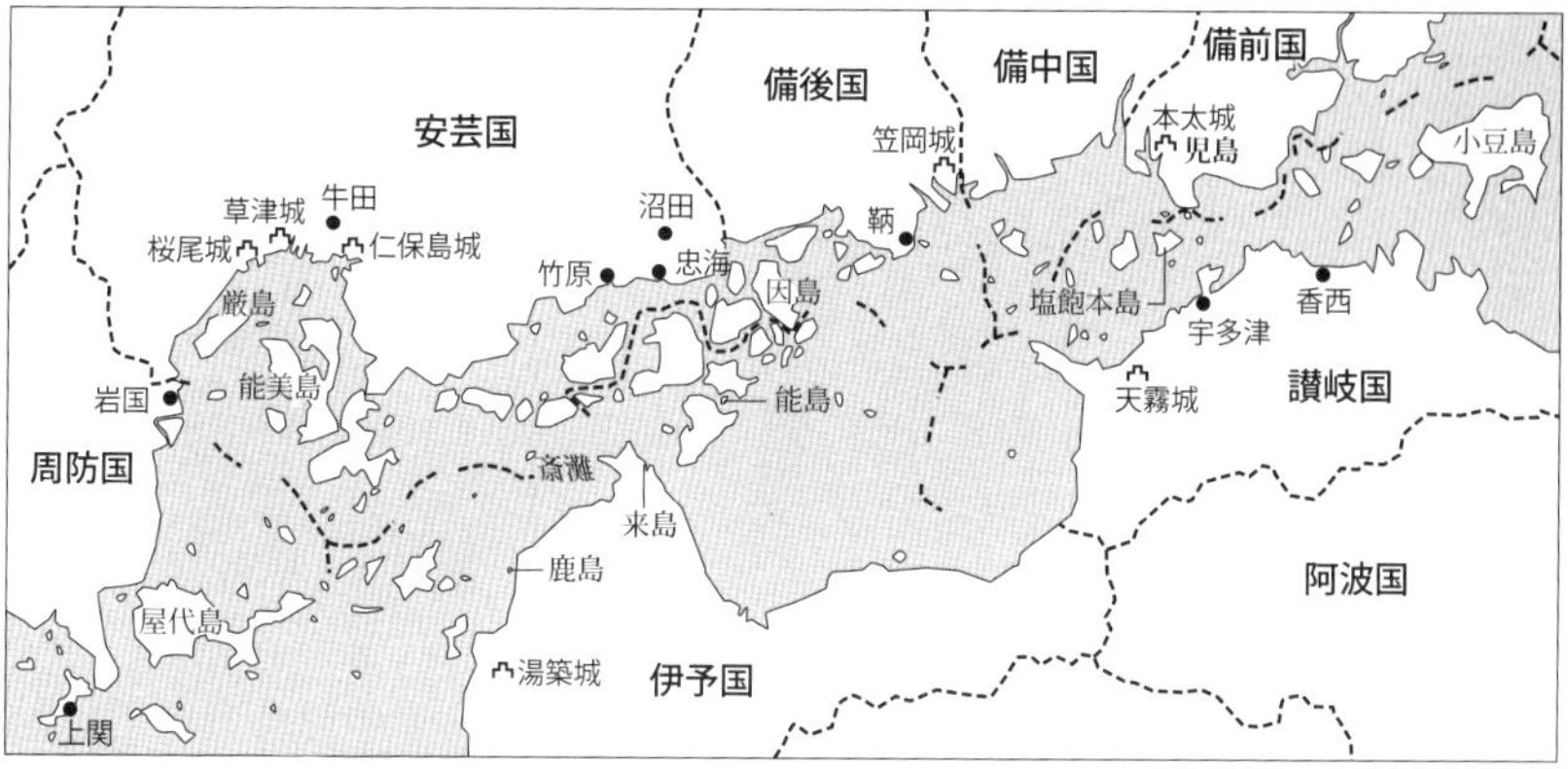

村上氏・毛利氏領国周辺の要所

また、朝鮮の申叔舟《しんしゆくしゆう》が日本情報を編集した『海《かい》東諸国記《とうしよこくき》』は、対馬宗《つしまそう》氏の仲介によって、寛正《かんしょう》二年（一四六二）に朝鮮から図書《としよ》（通航・貿易の許可証）を交付された「安芸海賊大将藤原朝臣村上備中守国重」の存在に言及している。戦国期初頭の段階で、村上一族が瀬戸内地域にとどまらず、広域にわたる交易活動を展開していた状況が窺《うかが》える。

ただし、『海東諸国記』によると、図書を受領した「海賊大将」は、村上国重だけではなく、備後国・周防国・伊予国・出雲《いずも》国・豊前《ぶぜん》国でも確認される。このように、中国西部や九州北部には、韓《かん》半島にまで及ぶ交易活動をおこなう海上勢力が多数群立《ぐんりつ》していた。瀬戸内海や西国の海上勢力を論じるうえで、村上一族の特殊性を過剰に強調すべきではなく、ある程度相対化して論じる視点が不可欠である。

戦国期の村上一族は、芸予《げいよ》諸島に所在する能島・

能島村上氏の村上武吉像（画像提供：村上水軍博物館）

来島・因島を本拠とした三つの家が顕著な活動をみせた。江戸時代においては、能島村上氏・来島村上氏・因島村上氏のかつての強勢を顧みて、「三島」という総称が使用されることもあり、現在も継続している。

もっとも、『海東諸国記』に記載された村上一族の「海賊大将」は、「村上備中守国重」のみである。十五世紀後半に「備中守」を受領名としていたのは、因島村上氏であり、国重は因島家の当主であったとみられる。つまり、戦国期初頭の村上一族では、因島家が突出した存在感を示しており、後に能島家・来島家が台頭したのが実情だろう。

実際、能島村上氏が海上勢力として目

立った動向をみせる時期は、十六世紀初頭までくだり、永正《えいしょう》五年（一五〇八）頃に、将軍足利義稙《あしかがよしたね》の管領《かんれい》細川高国《たかくに》が村上宮内大夫《くないだいぶ》の「忠節」に讃岐国塩飽島の代官職を与えたことを実質的な初見とする（「屋代島村上文書」）。当時、細川高国は周防大内氏を与党に引き入れ、義稙政権を支えており、大内氏とその軍勢の在京維持（畿内・周防の連絡や補給）に協力する役割を期待して、細川氏宗家《そうけ》（管領家）の守護任国であった讃岐国のうち、塩飽島の支配を能島村上氏に委ねたものとみられる。

なお、能島村上氏は十六世紀後半まで塩飽島の支配を維持して、瀬戸内中部の海上交通に影響力を行使する足掛かりとした。あるいは、塩飽島の代官職付与が画期となり、能島村上氏は海上勢力としての実力を著しく高めたのかもしれない。

来島村上氏については、十六世紀中頃に通康《みちやす》の代から、伊予河野氏を支える従属国衆としての動向が明確化する。この村上通康は、河野通直の女婿《むすめむこ》にあたり、河野氏の通字《とおりじ》「通」を拝領しているように、河野氏の一門に準じる立場すら確保していた。もともと、河野氏の権力は不安定で、戦国期初頭から幾度か来島に避難しており、来島村上氏は河野氏の危機に助勢することで実力を蓄え、地位を向上させていったようである。

もっとも、来島村上氏が戦国期の河野氏の水軍力を一手に担ったわけではない。伊予国では、多数の海上勢力（忽那《くつな》氏・今岡氏など）が存立し、河野氏に従属しており、来島村上氏

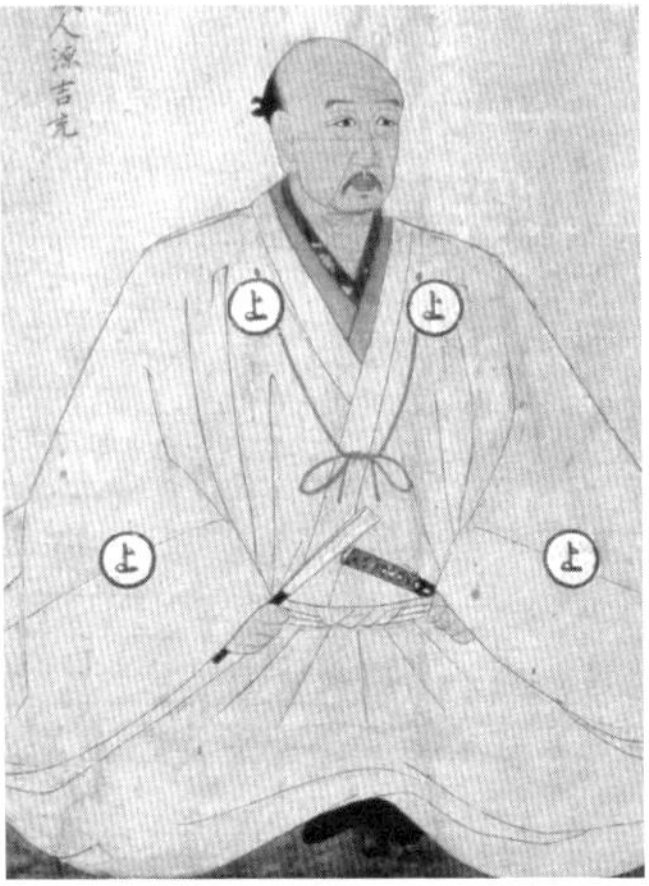

因島村上氏の村上吉允像
（因島水軍城蔵）

来島村上氏の村上通康像
（安楽寺蔵、画像提供：玖珠町教育委員会）

はその中の随一の存在だったというのが実情であった。

ところで、通康以降の来島村上氏については、得居氏の一門化に注目すべきである。

村上通康の後継者は、河野通直の息女を生母とする嫡出の通総だったが、通康の庶長子である通幸は、得居氏の家督を継ぎ、伊予国野間《のま》郡の鹿島《かしま》を拠点として活動した。この鹿島は、野間郡北条の沖合に位置して、斎灘《いつきなだ》の航行を監視しうる地勢であり、来島と同様に、海上交通への介在を存立基盤としうる環境だった。ただし、鹿島は得居氏代々の本拠ではなく、河野氏直轄の海事拠点として運用され、一五七〇年代に得居通幸が入部するという経緯を辿《たど》っている。もともと、得居氏は野間郡に存立していた河野氏の被官《ひかん》であって、通幸の家督相続を経て、来島村上氏と連帯して海上活動を展開するようになり、その一環として、鹿島を新たな本拠として確保したのである。

このように、得居氏は通幸の代に海賊への変態を遂げている。海賊という存立形態は、固定的なものではなく、相応の流動性を備えていたと理解すべきだろう。

また、能島家・来島家・因島家は、たしかに村上一族の中で突出した存在感を有していたが、一族全体の海上活動を総括していたわけではない。三家の他にも、複数の村上氏が瀬戸内地域の西部から中部にかけて存立し、あるいは三家と気脈を通じ、あるいは各地の大名・国衆に従属していた。三家の一族における優勢は、相対的なものであり、一族の動向を強力に管制しうる絶対的なものではなかった。

なお、村上一族などの瀬戸内海の海上勢力は、本拠の周辺にとどまらず、ある程度広い範囲に所領を点在させており、かならずしも一円的な支配領域を形成せず、散在した所領を海路で有機的に結合させ、海上活動を展開する傾向もあった。能島・来島・因島の三村上氏の場合は、島全体を城塞化しつつ、各地に確保した拠点を統御するセンターとして機能させていたが、他の村上諸氏や海上勢力も同様であろう。

戦国期には、各地で戦国大名・国衆が一円的な支配領域を形成したが、瀬戸内海の海上勢力の所領構成は、むしろモザイク状の様相を呈していた。こうした所領の形成状況については、たしかに海上勢力の性格が顕《あらわ》れているとみなしうるかもしれない。

さらに瀬戸内海の海上勢力は、複数の大名・国衆に従属することもあった。たとえば、能島村上氏の場合は、中国方面で周防大内氏・安芸毛利氏、四国方面で伊予河野氏に従属しつつ、豊後《ぶんご》大友氏や畿内の実力者（細川氏・三好氏など）と提携することもあった。広範囲に分布する所領を維持・拡張するには、上位権力も複数設定する必要があったのである。瀬戸内海そのものが、境界領域としての性格を帯びていたとも評価できる。

周防大内氏の水軍編成

以下においては、瀬戸内地域の戦国大名による水軍編成のあり方を確認していく。

戦国期の瀬戸内西部では、周防大内氏がとくに有力な水軍を編成した。大内氏は周防国を本国としつつ、九州の豊前国・筑前国などにも領国を展開し、さらに四国の伊予国にも勢力を伸張させた。このように、大内氏は海を越えた構造の領国を経営しており、足利将軍家を支えるために、率兵上京して長期的に在京すること（文明《ぶんめい》期の足利義視《よしみ》政権〈西幕府〉―大内政弘《まさひろ》、永正期の足利義稙政権―大内義興《よしおき》）もあった。こうした大内氏の領国運営や在京政治活動を維持するには、海上軍事力を相応の規模に整備することが不可欠であった。

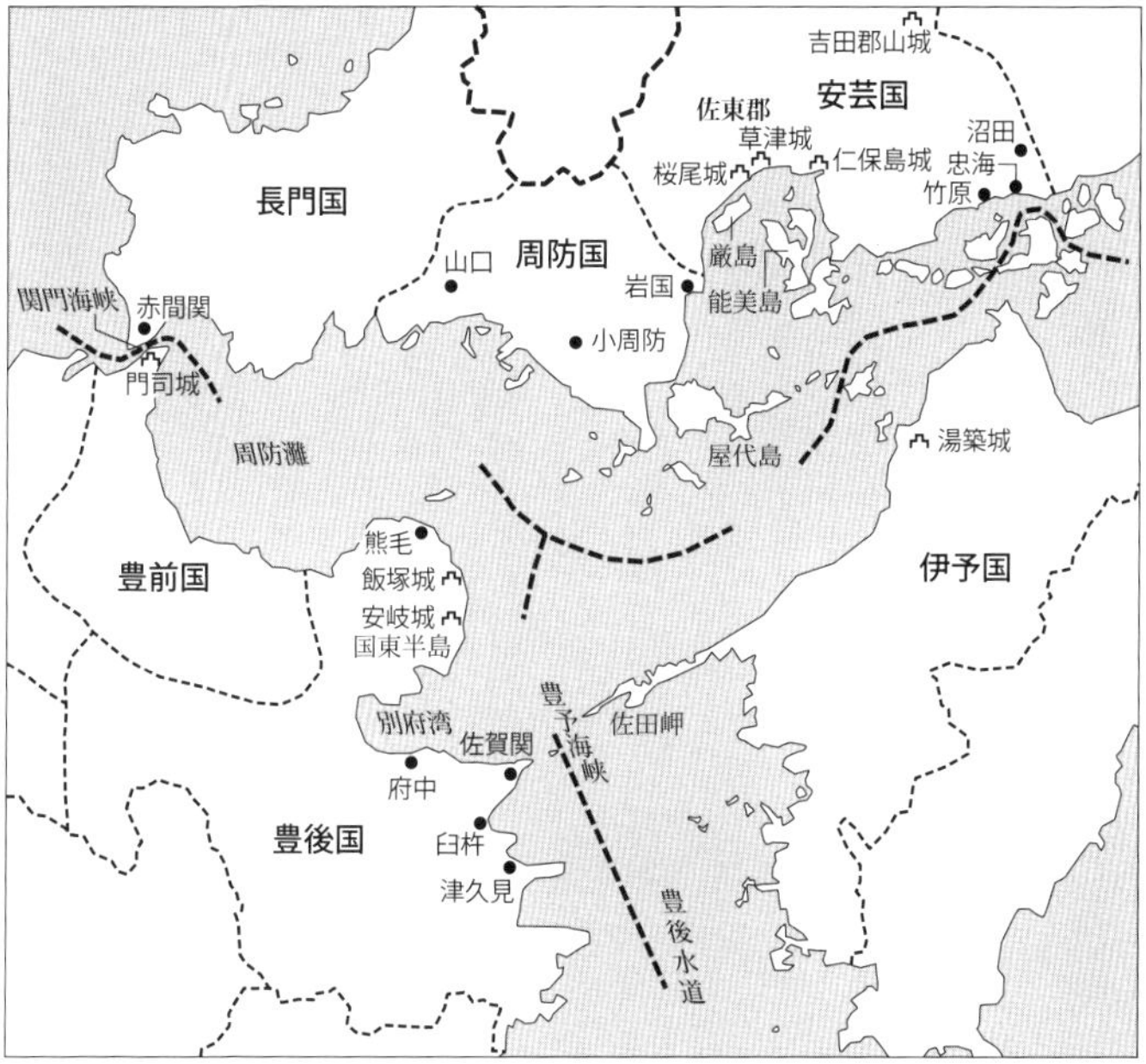

大内氏・大友氏領国周辺の要所

大内氏は村上一族（能島家など）を複数従属させて、海上の軍役を課す対象としていたが、大内氏とより深い関係にあった海上勢力は、弘中《ひろなか》氏・沓屋氏などであった。

まず弘中氏については、周防国岩国を拠点としていた氏族であり、とくに一五二〇年代には、一族の中で越後守武長《えちごのかみたけなが》が安芸国経略の中で転戦した。岩国は瀬戸内海と錦《にしき》川水系を繋ぐ結節点にあたり、水上交通の要所として、海上軍役を履行する能力を涵養《かんよう》しうる環境だったのである。

村上氏のように、特定の島を拠

点化することのみが、海上勢力の存立要件ではなかったことを示す一例にもあたる。

また、弘中武長は自己の所領を元手に船団を編成するだけではなく、水軍として同陣した諸氏の戦功を大内氏に注進する役割も担っていた（「山野井文書」など）。安芸方面に派遣された水軍諸将を統率する立場にあり、その手段として、諸将の戦功を大内氏権力の中枢（当主周辺）に上申する権限を付与されていたとみられる。大内氏にとって、弘中氏は戦国期以前から仕えてきた譜代被官であり、その信頼関係を前提として、水軍の行動を管制する役割も課していたのだろう。

ただし、弘中武長の後継者と推測されている方明《かたあき》は、相次ぐ軍役のために次第に疲弊した模様であり、天文《てんぶん》二十三年（一五五四）には、持船を欠いて、水軍としての活動を維持できない状況となっていた。海上軍役の過酷さを示す事象である。

沓屋氏も弘中氏と同じく、大内氏譜代の被官であったが、海上勢力としての性格を強めたのは、戦国期に屋代島に進出したことを契機とする。この屋代島は、瀬戸内海でも淡路島・小豆島《しょうど》に次ぐ大きさの島であり、瀬戸内西部における海上交通の要所の一つとして、南北朝期から大内氏・河野氏が競合してきた経緯があった。そこで、戦国期の大内氏は、譜代の沓屋氏などを移住させ、屋代島に対する支配を強化しようとしたのである。その結果、屋代島内の海上勢力は、沓屋氏・長崎氏・神代《こうじろ》氏などに統率されて、大内氏の海上軍事に参加するようになった。ただし、この屋代島衆は、一つの集団として活動していたわけではなく、状況に応じて、各氏が弘中武長などの指揮下に編入されていた。

また、大内氏は安芸国経略を進行させる過程で、同国の南部沿岸や島嶼地域に群立していた海上勢力を従属させて、水軍として動員することもあった。その中でも、とくに大きな存在感を示したのが、安芸武田氏の被官から転向した白井《しらい》氏であった。

もともと、白井氏は安芸武田氏の重臣にも名を連ねる一族であり、その中で越中守家《えっちゅうのかみけ》（光胤《みつたね》・膳胤《よしたね》など）は、仁保《にほ》島を海上活動の拠点としていた。仁保島は猿猴《えんこう》川（佐東川支流）の河口部に位置しており、武田氏が広島湾に支配を及ぼす足掛かりでもあった。つまり、白井越中守家は仁保島周辺で海上活動を展開しつつ、武田氏の海事支配の一端を担っていたとみられる。大永《だいえい》二年（一五二二）九月に、大内水軍（弘中武長など）の仁保島攻撃を退けた武田方の水軍も、その中心は白井越中守家だろう（「山野井文書」「多賀谷文書」）。

しかし、白井越中守家の膳胤・彦七郎は、大永七年四月に大内方に帰順して、武田領の佐東郡や大内領の周防国における所領給付を申請して履行されている（「白井家文書」）。佐東郡における勢力を拡大しつつ、周防国でも所領を取得して、より広域にわたる海上活動を展開することを望み、転向を選択したのであろう。

さらに白井越中守家は、天文十年（一五四一）頃から、賢胤《かたたね》（膳胤嫡子）が大内氏の水軍として、顕著な活動をみせるようになった。転戦の範囲は、安芸国とその周辺（伊予国・備後国）にとどまらず、日本海地域（出雲国など）にまで及ぶ。なお、賢胤の初名は「房胤」であり、天文二十三年頃に改名したが（「白井家文書」）、「房」「賢」は明らかに大内氏重臣の陶晴賢《すえはるかた》（初名「隆房」）からの偏諱《へんき》である。おそらく、陶晴賢と密接な関係を形成して、大内氏の戦争遂行により積極的に参加したのだろう。

前述したように、白井越中守家は大内氏に帰順するにあたり、安芸・周防両国で知行地を給付されていた（安芸国佐東郡―北庄《きたしょう》・牛田・山本・箱島、周防国熊毛《くまげ》郡の小周防《こずおう》）。同家がさらに海上活動の範囲を拡張するには、大内氏領国の安定や発展が望ましく、陶晴賢と提携して、海上軍役に励むようになった構図がみえてくる。また、こうした白井越中守家の動向は、海上勢力としての自己完結性よりも、大内氏の大名権力と結びついての成長を重視していたことを意味しており、かならずしも自立という文脈のみでは捉えきれない、海上勢力の多様な志向性を示している。

ここまで確認してきたように、大内氏は海上の軍役を課す対象について、周防国の海上勢力から、安芸国の海上勢力に拡大していった。大永年間には、弘中武長が同陣する水軍諸将の戦功を注進する権限を梃《てこ》に統率を担っていたが、その役割は弘中氏に固定されていたわけではない。そもそも、大内氏の水軍運用は、陸上部隊との共同で実行される場面も多く、大内氏の家中でより権力中枢に近い重臣・当主側近が指揮を執ることもあった。そうした場合は、軍事行動全体の責任者が戦功を注進する権限を付与されて、水軍諸将を統率する立場にあったことを確認できる。その傾向は、とくに義隆時代に目立ち、小原隆名《おはらたかのぶ》・冷泉隆豊《れいぜいたかとよ》など、義隆から「隆」字を拝領した家臣が注進をおこなっている。領国拡大が進行する中で、陸海共同の軍事行動が増加した結果であろう。

豊後大友氏の水軍編成

戦国期の瀬戸内地域において、水軍を長期的に運用した大名権力としては、大内氏の他に、豊後大友氏をあげることができる。大内氏が一五五〇年代に滅亡したことを鑑みれば、むしろ大友氏こそが、最も長期に及ぶ水軍運用をおこなった大名に該当する。

大友氏の場合、本国の豊後国が大内氏領国の周防・長門両国と対峙する地勢であり、さらに北九州（豊前国・筑前国《ちくぜん》）や西四国（伊予国）の経略をめぐって競合する関係にあった。また、大内氏が安芸毛利氏に敗れて滅亡すると、大友氏は北九州の大内氏旧領の接収をはかって、毛利氏と競合するようになった。そして、こうした大内氏・毛利氏との対立が、大友氏の戦略における水軍編成の必要性を増幅していた。

たとえば、明応《めいおう》五年（一四九六）五月に、大友政親《まさちか》は豊後国臼杵《うすき》から海路出動して、大内氏と係争していた筑前国に向かおうとしたが、赤間関《あかまがせき》で大内方の杉信濃守《しなののかみ》に捕捉され、永福寺で殺害されている（「永弘文書」）。この事件の実相は不分明だが、十五世紀末には、大友氏が臼杵湾を水軍の拠点としていたこと、その一方で大内氏の妨害を排して、関門海峡を通過しえるほどの規模・実力を欠いていたことが窺える。さらに大内氏が長門《ながと》国でも水軍を編成していた状況も判明するものの、実相の解明は困難である。

大友氏の水軍は、基本的に国東《くにさき》半島・佐賀関《さがのせき》半島の海上勢力で構成されていた。義鎮《よししげ》（宗麟《そうりん》）の代まで、大友氏が領国運営の中枢としていた豊後国府中は、国東半島・佐賀関半島に挟まれた別府湾に臨む地勢であり、大友氏が本拠地の周辺に存立する海上勢力から水軍の基幹となる存在を確保していた構図が浮かび上がってくる。

このうち、国東半島については、大友義統《よしむね》（没落時の当主）が配所で回顧したところによると、海上軍役をつとめる被官《ひかん》が二〇人余り設定されていた（「御当家御書札認様」）。その中でも、熊毛岐部《くまげきべ》氏は一四六〇年代に「豊後州代官木部山城守茂美」が朝鮮から図書（貿易認可証）を交付されている（『海東諸国記』）。国東半島では、その規模はまちまちだとしても、岐部氏と同様に海上交易を展開する海辺《かいへん》土豪が群立しており、大友氏との主従関係においては、操船などの技量を軍役に活用されたのであろう。

ただし、水軍の運用について、戦国期の大友氏が最も憑《たの》みとしていた存在は、佐賀関半島の若林《わかばやし》氏であった。佐賀関半島は国東半島と比較して狭小だが、伊予国の佐田《さだ》岬半島とともに、瀬戸内海・豊後水道の往来を扼《やく》する豊予《ほうよ》海峡を形成していた。そのため、瀬戸内海から外海に繋がる航路に介在して、相応の利益を取得できる環境であって、やはり軍事に転用可能な海上活動能力を培うことに適していた。そして、若林氏の場合、半島の南方基部に位置する一尺屋《いつしやくや》を本拠としつつ、さらに臼杵湾・津久見《つくみ》湾などでも知行地を給付されており、より有効に海上交通に関与できる条件を大友氏から与えられていた。

その一方で、若林氏の知行地は、内陸部の野津院などにも所在していた。一見、海上軍役と無縁のようだが、船舶の用材調達を目的に設定されていたと推測される。当然、こうした内陸部の知行地を確保して機能させるには、大名権力の支援が不可欠であって、若林氏が積極的に大友氏の海上軍役を履行して転戦したことが前提であったとみられる。また、若林氏が海上勢力としての自立性にこだわらず、大友氏の大名権力と結合して、その直轄水軍としての性格を強めることで、海上活動能力を充実させていた状況も窺える。

なお、義鎮時代の大友氏は、一五五〇年代後半に府中館（大分市）から、臼杵の丹生島《にうじま》城に居城を移転させた。もともと、臼杵は戦国前期、大友政親が筑前国に海路で向かう出発点としたように、大友水軍の拠点であったとみられる。さらに臼杵湾の各地には、直轄水軍の中核を担う若林氏の知行地が設定されており、大友義鎮は水軍（若林氏）のより積極的な活用を意図して、丹生島を新しい居城に選定したのであろう。

　この丹生島城への居城移転は、弘治《こうじ》二年（一五五六）に重臣の小原鑑元《おばらあきもと》が謀叛を起こした騒乱の中で実施されている。大友義鎮は家中の動揺を収拾しつつ、大名権力を再整備する一策として、若林氏の海上軍事力によって、居城の安全を確保しようとする措置を採ったとも理解できる。これは、義鎮が佐賀関半島の若林氏を直轄水軍に位置づける一方で、国東半島の海上勢力にかならずしも信を措《お》いていなかったことも意味する。

　そもそも、国東半島の海上勢力は、一元的に大友氏の水軍として編成されていたわけではなく、如法寺《にょほうじ》氏・松成《まつなり》氏など、同半島の有力国衆である田原氏に従属し、その水軍を構成する氏族も存在した。田原氏が本拠としていた飯塚城《いいづかじょう》（国東市）は、国東半島の最東部に立地して、田深川《たぶかがわ》南岸の独立丘陵に築城されており、海上交通を監視しながら、河口部を水軍の拠点（風雨からの保護、上流から廻漕《かいそう》される船材の集積）として利用しうる構造だった。海浜部を本拠地とする存立形態は、大友氏の府中館・丹生島城とほぼ一致している。

　なお、田原氏は豊後国全体でも最大規模の国衆であって、たびたび大友氏と敵対しており、義鎮時代には和解していたものの、主従関係は十分に安定していなかった。そのため、義鎮は小原氏の謀叛事件を機に、本拠を臼杵に移し、佐賀関半島を海上の胸壁として、本拠を田原氏の勢力圏から離すことを選択したのかもしれない。

実際、田原氏の惣領家は、天正七年（一五七九）十二月に大友氏（前年に日向耳川《ひゅうがみみがわ》合戦で大敗）から離反し、安芸毛利氏と結び、属城の安岐《あき》城（国東市）から府中（義鎮の後継義統が在館）の襲撃を窺う動向すらみせた。この安岐城も、本城の飯塚城と同じく、海上交通の監視と河口（安岐川）の水軍拠点化を意識した城郭であった。

結局、大友方の若林鎮興《しげおき》が、天正八年八月に田原氏を支援する毛利方の水軍を安岐《あき》浦から排除すると、田原氏惣領家は孤立に追い込まれ、同年十月に滅亡した。しかし、一時は府中を海上から脅かし、半年以上にわたって、毛利氏との連携を維持しえたのは、田原氏の水軍が豊後国最大の国衆に相応《ふさわ》しい規模・実力を有していたことを示している。

また、大友氏は四国西部の伊予国・土佐国に介入するうえで、しばしば若林氏などの水軍を渡海させたが、反対に大友氏の要請に応えて、伊予国佐田岬の三崎《みさき》氏が九州に渡海することもあった（「弥富《やとみ》文書」）。前述したように、佐田岬は佐賀関半島とともに、豊予海峡を形成しており、豊後・伊予両国が相対している地勢において、大友氏の勢威は、伊予国内に協力的な海上勢力を確保する求心力として作用していたのである。

安芸毛利氏の水軍編成

十六世紀中頃に入ると、安芸毛利氏の台頭が進み、西国でも最大規模の領国が形成された。その過程で、毛利氏は有力な水軍を編成している。

毛利氏の水軍については、村上一族（能島家・来島家・因島家）と同一視されることもあるが、大内氏・大友氏と同じく、大名権力に組み込まれた水軍も整備していた。

本来、毛利氏は内陸部の吉田郡山城《よしだこおりやま》（安芸高田市）を本拠とする国衆であったが、元就の代に台頭し、安芸国南岸にも進出することで、その領国は水軍編成を必要・可能とするようになった。その一方で、毛利氏の水軍編成が、元就の代から始まったものであり、大内氏・大友氏ほどの運用経験の蓄積を欠いていたことを意味する経緯でもあった。

また、毛利氏の勢力拡大は、安芸国経略をはかる大内氏の従属下で進行しており、天文十年（一五四一）に大内氏と共同で安芸武田氏を没落させると、その領国（佐東郡など）のうち、佐東川下流域で所領を分与された。そして、当該地域に存立していた武田氏旧臣の山県《やまがた》氏・福井《ふくい》氏などを帰順させ、かつ河口周辺の土豪・海民《かいみん》などを動員するようになった。ただし、当該地域には、武田氏滅亡以前に大内氏に帰順して、その水軍として活動した白井氏の拠点・知行地（仁保島・牛田）も存在した。大内氏から離反するまでは、毛利氏が佐東川河口部を排他的に支配していたわけではなく、白井氏と協調・競合しつつ、河口部周辺の土豪・海民の把握を進めていたのが実情であろう。

さらに毛利水軍の形成については、小早川氏の一門化も重要な画期となった。もともと、小早川氏は安芸国沼田《ぬた》・竹原《たけはら》で二つの家に分立しており、毛利氏と同じく、大内氏の安芸国経略に与同していた。その関係を前提として、天文十三年（一五四四）に毛利元就の三男隆景が竹原小早川氏の家督を継承し、天文二〇年（一五五一）には沼田小早川氏も相続して、沼田家・竹原家を合同させた。両小早川氏の支配領域は、大内氏が出雲尼子《あまご》氏と競合していた備後国と近接しており、大内・尼子両氏の抗争が進行する中で、沼田・竹原両家中は、毛利氏との提携強化を望み、隆景を新当主として受け容れたのである。

また、沼田・竹原小早川氏の支配領域は、安芸国の沿岸東部に展開しており、領内の海上勢力を水軍として編成する条件を満たしていた。とくに沼田家庶流の乃美氏は、忠海《ただのうみ》の海岸に築かれた賀儀《かぎ》城（竹原市）を本拠として、かつ因島・能島村上氏や、大内水軍の白井氏などと縁戚関係を結ぶなど、芸予地域に群立する海上勢力の一員としての性格を有していた。そのため、毛利氏・小早川氏のもとで、しばしば村上一族との交渉を担当し、自ら海上軍役を履行して、村上諸氏とともに転戦することもあった。

乃美宗勝像（勝運寺蔵、画像提供：竹原市教育委員会）

さらに隆景に付属されて、毛利氏家中から小早川氏家中に出向した井上春忠も、水軍として活動する事例が頻出する。隆景の補佐という立場から、小早川氏の支配領域で編成された海上軍事力を統括する権限を与えられていたようである。

もっとも、毛利氏が本格的に水軍編成に取り組むのは、天文二十三年（一五五四）に大内氏から離反し、その初手で、佐東郡の大内方拠点を攻略したうえで、海上に対する備えとして、桜尾城《さくらお》（廿日市市）に桂元澄《かつらもとずみ》、草津城（広島市）に児玉就方、仁保島城（広島市）に香川光景《かがわみつかげ》を入れたことを出発点とする。

佐東川を中心に考えると、草津は西岸、仁保島は東岸に立地しており、東西から佐東川河口部を掌握しようとする意図も浮かび上がってくる。また、草津城に入った児玉就方は毛利氏譜代の被官、仁保島城に入った香川光景はもと武田氏被官であって、毛利氏は佐東川河口部の支配を確立するために、旧武田氏勢力の協力を得ていたようである。

さらに毛利氏は、同年五月に「警固二三百艘」を周防国に出動させており（「棚守房顕覚書《たなもりふさあきおぼえがき》」）、誇張はあるとしても、短期間で水軍を編成・運用している。もともと、佐東郡の沿岸地域においては、大内氏の支配・軍役に対する不満が鬱積《うっせき》しており、毛利氏はこれを組織化することで、水軍を形成したのかもしれない。

前述したように、毛利氏は天文十年に佐東川河口部に進出すると、武田氏旧臣の山県氏・福井氏を家中に取り込んでいたが、天文二十三年以降、福田《ふくだ》氏・熊野《くまの》氏・桑原《くわはら》氏・植木《うえき》氏・豊島《とよしま》氏なども毛利の家中に参加した。さらに譜代被官の飯田《いいだ》氏・宍戸《ししど》氏・大多和《おおたわ》氏なども、佐東川河口部で知行を給付された。そして、これらの各氏が、川ノ内警固衆として位置づけられ、佐東川河口部の土豪・海民などを軍事動員する役割を担ったのである。

また、草津城の児玉就方と、仁保島城の香川光景（および子息の広景《ひろかげ》）も、個別に水軍を編成して、瀬戸内海各地を転戦するようになった。

とくに児玉就方については、しばしば川ノ内警固衆の諸氏とともに行動して、その指揮を執ることもあった。児玉就方は、元就時代に毛利氏権力の執行部を構成した奉行衆の一員である児玉就忠《なりただ》の実弟であり、就忠・就方兄弟を通じて、川ノ内警固衆の運営・統制を円滑にしようとする元就の意図が窺える。

その一方で、香川光景の場合は、もともと内陸部の八木《やぎ》を拠点としていたが、仁保島在城を機に、佐東郡沿岸に進出して、海上勢力としての性格を帯びたのである。

このように、毛利氏の海上軍事は、佐東川河口部とその周辺の海上勢力を水軍として編成しつつ、小早川氏の水軍と提携させる体制を基本としていた。留意すべきは、児玉就方をはじめ、水軍の指揮官に登用された譜代被官が相当数存在することである。水軍の指導において、海上軍事に関する父祖伝来の技量がけっして不可欠なものというわけではなく、むしろ海辺地域の土豪・海民などを組織化して活用する力量こそが重要だったのである。

こうして水軍を編成した毛利氏は、天文二十四年（一五五五）十月に厳島《いつくしま》攻略に出兵した大内方の陶晴賢などに大勝している。この厳島合戦に際し、能島村上氏・来島村上氏などが毛利方として来援したか否かをめぐり、議論が重ねられているものの、もし非来援説を採る場合、毛利氏は一年程度で大内氏に勝利しうる水軍を整備していたことになる。

さらに毛利氏は、弘治三年（一五五七）までに大内氏を討滅して、その領国の基幹だった周防国・長門国も併合している。その過程で、毛利氏の水軍も、大内氏の水軍を吸収して、規模を一層拡張させていった。

たとえば、厳島合戦直後の天文二十四年閏十月には、屋代島衆が毛利氏に帰順して、以後は毛利氏のもとで海上軍役をつとめるようになった。上位権力を大内氏から毛利氏に置換することで、屋代島における存立を維持して、海上軍事活動を継続したのである。前述したように、屋代島衆のうち、沓屋氏は大内氏譜代の被官だったが、大内氏への忠節よりも、自己保全の論理が優先された模様である。

また、弘中方明や白井賢胤なども、大内氏が衰亡に向かう中で、毛利氏に服属して、その水軍に参加している。とくに白井賢胤の場合、武田氏時代から海上活動の主要拠点としてきた仁保島を毛利方に押さえられており、海上勢力としての存立保持が困難になりつつあると判断して、毛利氏への帰順を選択したとみられる。

そして、毛利氏に帰順した大内水軍の諸氏は、児玉就方や井上春忠に統率される傾向にあった。児玉就方は川ノ内警固衆、井上春忠は小早川水軍を統括する立場にあり、毛利氏領国の拡大に応じて、その権限が周防国・長門国に適用されたのであろう。

なお、村上諸氏（能島・来島・因島など）も、厳島合戦への来援の有無はともかく、毛利氏の台頭に伴い、同氏に従属するようになったが、毛利氏のみに従属したというよりは、複数の従属対象に毛利氏も加わったというのが実情に近い。また、能島家・来島家の向背は不安定だったが、そこから、海上勢力に特有の自立性を見出すのは不適当である。自己の勢力を保全するうえで、戦国大名に従属したとしても、利害の不一致が生じた場合は、離反も選択しうるのが国衆の基本原理であって、能島・来島両家も例外ではなかったと理解しておくべきだろう。ただし、川ノ内警固衆や屋代島衆などと比較して、能島家・来島家は海上勢力としての自己完結性が高く、相対的に行動選択の幅は広かったことは首肯《しゅこう》できる。

ところで、毛利氏が天文二十三年に佐東郡沿岸で確保した三城（桜尾・草津・仁保島）のうち、桜尾城に入った桂元澄は、毛利氏の奉行衆（大名権力の執行部）の一人であり、草津城の児玉就方（奉行衆児玉就忠の弟）や、仁保島城の香川光景よりも格上の地位にあった。そのため、桂元澄はより広範な領域支配にあたっており、水軍としての活動は目立たない。

しかし、永禄十二年（一五六九）に元澄が死去すると、毛利元就の四男元清《もときよ》が桜尾城に入り、中丸《なかまる》氏を使役して、海上軍事（輸送・警固など）にあたらせている。この中丸氏は、桜尾領大野を拠点とする商人的領主であり、その海上活動に関する技量を桜尾城主から活用されたのである。元澄段階では明確でないものの、桜尾城主も水軍を編成・運用すべき立場にあり、元清は中丸氏にその権限を委ねたのである。

また、毛利元清は来島村上通康の息女と結婚して、子息の秀元《ひでもと》などをもうけている。水軍を編成・運用する立場は、瀬戸内西部の海上勢力との協調を重要な課題としており、元清の場合は、来島村上氏を提携相手に選択したのだろう（あるいは、元就の意向か）。

三好氏の「環大坂湾政権」と水軍・海賊

大内氏・大友氏・毛利氏は、瀬戸内海の西方で水軍を編成・運用していたが、東方においても、水軍の形成は進行しており、とくに三好氏の水軍が有力だった。

戦国期の畿内政治史は、足利将軍家と管領細川氏の内訌《ないこう》を基調としており、四国東部の勢力をメイン・プレイヤーとして進行した。元来、四国は細川一族の金城湯池であり、東部では、宗家の京兆《けいちょう》家が讃岐国守護（摂津《せっつ》国・丹波《たんば》国などの守護も兼任）、宗家に次ぐ家格の讃《さん》州《しゅう》家が阿波《あわ》国守護をつとめていた。そのため、京兆家と阿波守護家のもとで存立していた四国東部の勢力が、畿内の動乱に参加したのである。

とくに阿波守護家から澄元《すみもと》が京兆家に養子入りして、細川一族における内訌の一方の当事者になると、阿波守護家の重臣であった三好氏が、澄元・晴元《はるもと》父子を補佐することで、戦国期初頭から、畿内の政局に参加していった。

このように、三好氏は京兆家（澄元系）・阿波守護家の重臣を兼ねていたが、こうした二重構造は、十六世紀中頃に長慶《ながよし》・実休《じっきゅう》兄弟によって分担され、長慶は京兆家のもとで摂津国の領域権力としての三好氏（宗家）を立ち上げ、実休は阿波守護家の重臣（阿波家）として活動した。さらに長慶・実休の弟のうち、冬康《ふゆやす》は安宅氏（淡路国衆）、一存《かずまさ》は十河《そごう》氏（讃岐国衆）の家督を継承して、宗家・阿波家の勢力拡大を支えた。

やがて長慶・実休の両三好氏は、細川氏（京兆家・阿波守護家）から自立しつつ、両者が複合することで、畿内・四国東部に跨《また》がる巨大な勢力圏を形成するようになった。この三好氏の領国は、大坂湾を内包して、同地域の港湾都市（和泉《いずみ》国堺《さかい》・摂津国兵庫《ひょうご》など）も支配下に置いており、一時は足利将軍家を排除した畿内・京都の支配体制を現出させたことも相俟って、「三好政権」「環《かん》大坂湾政権」と表現する論者もいる。

長慶・実休時代の三好氏が、いかなる海上軍事体制を運営していたのか、その実態を復元することは難しいが、長慶の畿内における覇権は、四国から渡海する弟たちの軍事力によって支えられていた。そして、阿波三好氏・安宅氏・十河氏の度重なる渡海は、各自が自己の所領で水軍を編成・運用していたことを意味する。三好氏の水軍としては、瀬戸内海と大坂湾を画する淡路島を本拠としていた安宅氏がよく知られており、たしかに淡路衆を配下として、海上軍事に関する実力の高さを誇っていたものの、三好氏の海上軍事力は安宅氏のみに集中していたわけではなく、むしろ多元的な構造であった。

たとえば、三好長慶が主君の細川晴元を没落に追い込んだ天文十八年（一五四九）の摂津江口《えぐち》合戦において、十河一存は兄の長慶ではなく、まず晴元の要請に応じて摂津国に出陣し、中途で長慶の陣営に転じている。元来、十河氏は讃岐国内陸部の勢力だったが、四国最北端の庵治《あじ》（香川県高松市）も支配しており、独自の渡海能力を有していたのである。

また、この江口合戦で、三好長慶は三宅《みやけ》城（茨木市）の細川晴元と江口城（大阪市）の三

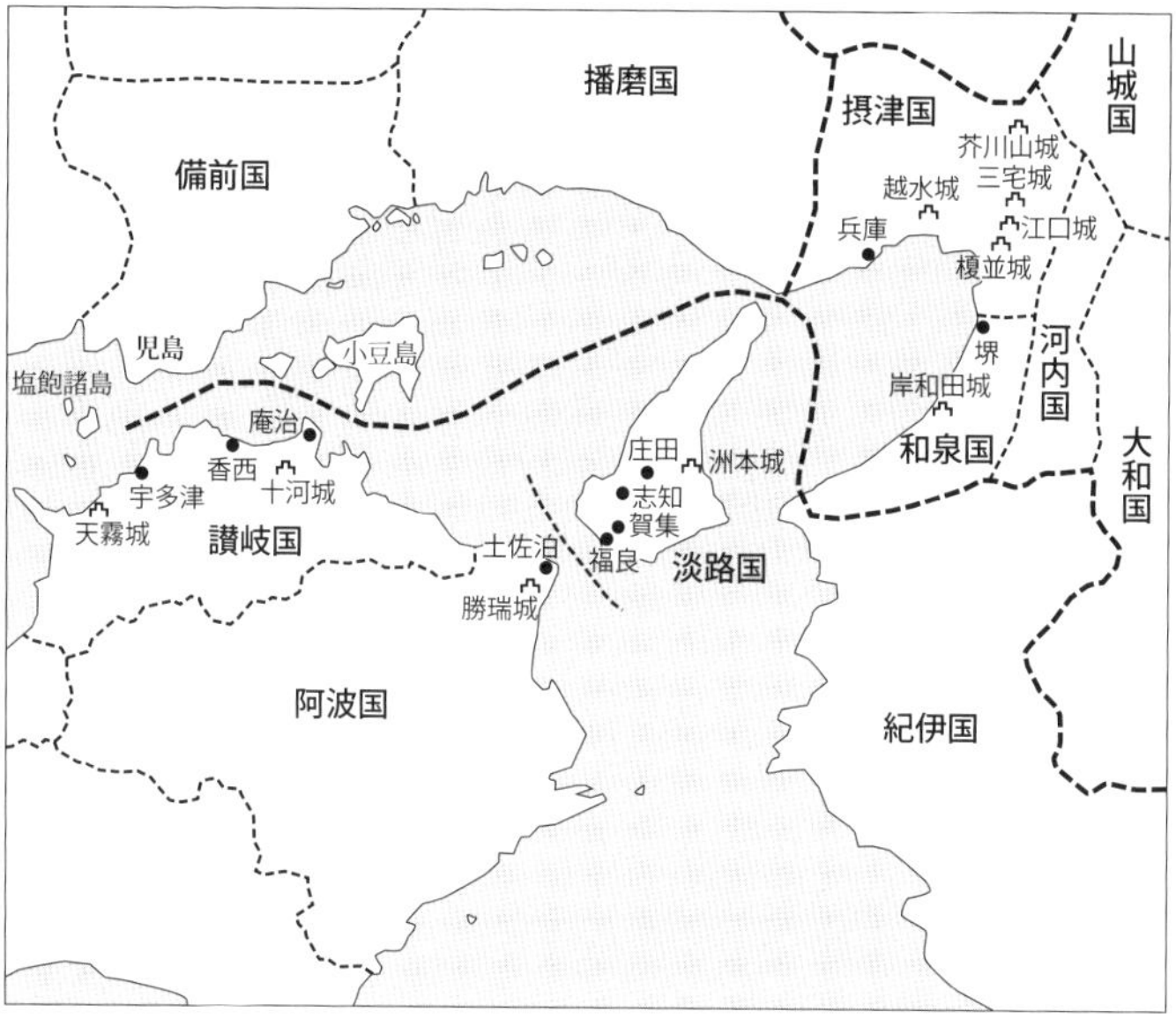

三好氏領国周辺の要所

好政長《まさなが》の連携を分断するために、安宅冬康・十河一存の軍勢を江口東隣の別府《べっぷ》に布陣させたうえで（『細川両家記』）、さらに「四国海賊」を先駆けとして江口を攻め落としたとされる（『足利季世記』）。江口周辺は淀《よど》川・安威《あい》川・神崎《かんざき》川が交差する水上交通の要衝だったものの、水上移動に慣れた被官が多い安宅氏・十河氏にとっても有利な戦場だった模様である。

なお、江口合戦は細川家中における三好長慶・政長の対立を発端としており、政長の嫡子政勝（後の宗渭《そうい》）が在城した榎並《えなみ》城（大阪市）を攻防の焦点とした。この榎並は、淀川・

大和川の合流点に立地して、政長が滅亡すると、安宅冬康の管轄下に入り、安宅氏傘下の菅《かん》氏が代官として配置されるようになった。三好長慶の畿内支配において、榎並は大坂湾・淀川水系の連環を監察する拠点に位置づけられ、船舶運用に長《た》けた安宅氏・菅氏が管轄したのであろう。

また、三好兄弟（長慶・実休・冬康・一存）は、たびたび淡路国洲本《すもと》に参集して、戦略策定の談合をおこなっていた。洲本城（洲本市）は安宅氏の本拠であったが、淡路島が畿内・四国の結節点にあたったことから、三好兄弟の談合の場としても利用されたのである。

もともと、淡路島は細川一族の守護任国の一つで、淡路守護家が存立していたが、細川京兆家の内訌が進行する中で、阿波三好氏は一五一〇年代後半から淡路島に進出し、淡路守護家を排除した支配体制を構築していった。長慶の弟冬康による安宅氏の継承も、安宅氏を介して、淡路島を確保しようとする政略の一環であった。

ただし、安宅冬康の支配が淡路島全体に及んでいたわけではなく、同島南部においては、野口《のぐち》氏・賀集《かしゆう》氏・福良《ふくら》氏など、阿波三好氏に従属する氏族も存在した。また、阿波家被官の加持《かじ》氏（もと伊予国衆）も、やはり南淡路の庄田《しょうだ》に領主として入部している。阿波三好氏は阿波国に近接する淡路島南部を自己の勢力圏に組み込んでいたようである。

さらに阿波国内においても、土佐泊の森氏など、複数の海辺領主が阿波三好氏に服属していた。戦国期初頭以来の阿波三好氏の畿内渡海は、阿波・淡路両国で服属させていた海上勢力によって支えられていたと理解すべきであろう。

前述の通り、長慶・実休時代の三好氏の水軍運用の実態は不明だが、両者の没後にあたる元亀《げんき》二年（一五七二）には、阿波三好氏が毛利氏と敵対中の能島村上氏を支援するために、岡田《おかだ》権左衛門《ごんざえもん》を指揮官とする水軍を派遣して、能島に支援物資を提供した事例を確認できる。こうした長距離航行は、阿波三好氏の水軍が相応の力量を有していたことを意味する。岡田権左衛門の詳細は不明ながら、大内氏の小原隆名・冷泉隆豊、毛利氏の児玉就方・井上春忠などと同じく、大名権力から水軍の統率を委ねられた存在だろうか。

なお、実休時代の阿波三好氏は、讃岐国の経略を進展させるうえで、来島村上氏・能島村上氏とも気脈を通じており、両家が阿波三好氏の軍事行動に参加することもあった。当時の来島・能島両家は、毛利氏・河野氏に従属していたが、瀬戸内海中部にも領国を拡大させつつある阿波三好氏と良好な関係を持つことで、勢力の安定をはかったのである。

ところで、三好氏の領国で、水軍を有していた勢力は、阿波家や安宅氏・十河氏にとどまらず、従属国衆の中にも、水軍を編成していた氏族を確認することができる。

たとえば、永禄十一年（一五六八）には、阿波三好氏の軍勢が備前国児島《こじま》に渡海して、毛利方に撃退されたが、これは讃岐国衆の香西又五郎《こうざいまたごろう》を中心とする軍事行動であった。もともと、香西氏は細川京兆家のもとで西讃岐守護代をつとめた家で、瀬戸内海中部（とくに塩飽島・小豆島など）の支配にも関わっており、阿波三好氏の讃岐国経略に伴い、同氏の海上軍事に参加して、瀬戸内海中部における勢力拡大をはかる者もあらわれたのである。

第三章　関東・東海の水軍と海賊

相模北条氏・房総里見氏と関東海域

戦国大名による水軍編成は、瀬戸内海の事例が優先的に取り上げられるが、水軍編成は列島各地でおこなわれており、とくに関東・東海地域で形成された水軍は、戦国期終盤に瀬戸内地域の水軍とあるいは対決し、あるいは友軍として転戦することになる。

関東の場合、相模北条氏と房総里見氏が水軍を積極的に運用していた。北条・里見両氏は、関東内湾（江戸湾）で海上戦を繰り返しており、とくに大永六年（一五二六）の里見水軍の攻勢は、武蔵《むさし》国品川《しながわ》から相模国鎌倉《かまくら》にまで及び、鶴岡《つるがおか》八幡宮を焼失させた（「妙国寺文書」『快元僧都記』）。その一方で、北条氏の軍勢も、たびたび関東内湾を渡海して、里見氏の領国（安房《あわ》国・上総《かずさ》国）に侵攻している。

また、北条水軍・里見水軍の軍事行動は、正規の戦闘にとどまらず、渡海先における略奪、まさに字義通りの「海賊」行為に及ぶ場面も多々みられた。そのため、関東内湾の両岸（相模国・上総国）では、北条氏・里見氏の双方に租税を納め、水軍の襲撃・略奪などを免れる「半手」という両属行為すらおこなわれていた。これは、北条水軍と里見水軍の攻防が相応に拮抗していたことを前提とする事象であった。

里見氏・北条氏領国周辺の要所

水軍形成のあり方については、北条氏の状況が相対的に克明である。

北条氏の水軍運用は、海賊の梶原氏・山本氏を双璧としており、さらに両者とも、関東の外部から移住した存在であったことを共通項としていた。

まず梶原氏の場合は、もともと紀伊国名島《なしま》を拠点としており、一五六〇年代に北条氏が里見氏との海上戦を遂行する中で招聘され、三浦半島で知行地を給付され、海上の軍役にあたるようになった。北条氏は十五世紀末に関東に進出した勢力であって、家臣団は関東外部からの移住者を多数包含していたが、その中でも梶原氏は新参に分類される。

次に山本氏の場合は、伊豆国西岸の田子《たご》を拠点としており、北条氏（初代の伊勢宗瑞《そうずい》）が伊豆国を平定した時期に帰順した古参の被官であった。ただし、古来より伊豆国で存立してきたわけではなく、京都から関東に下向した堀越公方《ほりごえくぼう》足利政知《まさとも》に随従して、伊豆国田子を知行したとされる（「越前史料所収山本家譜」）。系図において、田子山本氏は義光《よしみつ》流源氏支流を称しているが、紀伊国富田《とんだ》川流域を支配した奉公衆の山本氏も同様だった。あるいは、紀伊山本氏の一族が足利政知に付属され、伊豆国で領主化したのかもしれない。

このように、梶原氏は紀伊国の海上勢力であり、山本氏も紀伊国の出身だった可能性がある。北条氏と堀越公方家は、いずれも関東では外来の権力であって、水軍の編成においても、在来の海上勢力よりも、大名権力との結合を拠《よ》り所とする外部の海上勢力を重用する傾向を有していたのであろう。

また、梶原氏（および山本氏）の水軍参加は、紀伊半島の海事技術（操船・造船など）を導入する意味合いもあったと考えられる。実際、北条氏の水軍には、愛洲《あいす》氏・橋本《はしもと》氏・安宅氏（淡路安宅氏とは別系統）など、紀伊国出身の氏族が他にも確認される。後述する武田水軍における伊勢海賊の活躍と合わせ、海事技術の西高東低を示唆する事象だろうか。

さらに梶原氏と山本氏は、三浦半島・伊豆半島に知行地や活動拠点を設定されていた。

そこで、知行地についてみると、三浦半島では、梶原氏の主要な知行地（栗浜《くりはま》・小坪《こつぼ》・岩《いわ》

長浜城跡（画像提供：沼津市教育委員会）

戸《と》など）が支給され、山本氏も同心（配下）の給分《きゅうぶん》を支給されている。その一方で、伊豆半島では、山本氏は本拠の田子の他にも知行地（一色《いっしき》・梨本《なしもと》）を給付され、梶原氏は木《き》負《しょう》・西浦《にしうら》から徴収された番銭を海上軍役のために支給された。

　次いで活動拠点についてみると、梶原氏・山本氏は、三浦半島の三崎に駐在し、里見氏領国に対する警戒、半島周辺の海上往来の監察にあたっていた。そして、駿河・伊豆国境の情勢が緊張すると、梶原氏は伊豆長浜《ながはま》城（沼津市）に在城し、山本氏は本拠の田子にもどり、それぞれ周辺の警衛にあたった。なお、長浜城は山本氏の田子と違い、梶原氏の本拠ではなく、国境地域の支城を水軍も在城できるように改修したものであった。

北条氏にとって、三浦半島は安房・上総両国（里見氏領国）、伊豆半島は駿河国（今川氏・武田氏領国）と対峙する前線であって、かつ小田原《おだわら》（本拠）や鎌倉（武家の古都）が所在する相模湾の東西の防壁でもあった。そのため、北条氏は三浦半島と伊豆半島の双方に梶原氏・山本氏の知行・拠点を設定し、相模湾の安全を確保したのである。

こうした北条氏の水軍と比較して、里見氏の水軍を構成した氏族は不明である。慶長《けいちょう》十五年（一六一〇）頃の段階では、安西又助《あんざいまたすけ》が船手頭の地位にあり、里見氏の水軍を統率していた。しかし、その立場を戦国期にまで遡《さかのぼ》らせることはできない。戦国期における里見水軍の指揮官として、軍記物ではなく、同時代史料で見出されるのは、永禄十年（一五六七）頃に里見方が三浦半島の三崎に侵攻した際に、北条方の水軍と交戦して討死した龍崎縫殿頭《ぬいのかみ》兄弟である（「紀伊国古文書」「高橋文書」）。

ただし、この龍崎縫殿頭は、もともと古河《こが》公方足利晴氏《はるうじ》の近臣であって、北条方の梶原氏のような海賊ではない。永禄十年頃の古河公方家は、北条方に擁立された義氏《よしうじ》（晴氏末子）と、里見方を頼って房総地域に移った藤氏《ふじうじ》（晴氏長男）が並立していた。龍崎縫殿頭は藤氏に随従して、房総半島沿岸の旧鎌倉府御料所のいずこかを拠点化し、海上活動能力を形成した存在とみられる。そして、里見氏も房総地域で領国を拡大する中で、新旧の沿海地域の領主を編成して、北条方に対抗しうる水軍を編成していたのだろう。

また、里見氏の水軍運用の特徴として、当主本人が渡海侵攻に参加する場面がしばしばあったことを指摘したい。龍崎縫殿頭が戦没した三浦半島襲撃も、里見義弘《よしひろ》が自ら指揮を執った軍事行動であった。里見氏は幾度か本拠を移転させたが、義通《よしみち》期の安房白浜《しらはま》城（南房総市）、義堯《よしたか》・義弘期の上総佐貫《さぬき》城（富津市）、義頼《よしより》期の安房岡本《おかもと》城（南房総市）、忠義《ただよし》期の安房館山《たてやま》城は、沿岸地域に立地しており、付近の港湾に水軍を参集させやすい環境にあった。水軍の運用と編成に関する里見氏の積極性を示す状況である。

さらに里見氏重臣の正木《まさき》氏には、里見氏領国の拡大に応じて、上総勝浦《かつうら》城（正木左近大夫《さこんだいぶ》家〈勝浦正木氏〉）・同百首《ひゃくしゅ》城（造海《つくろうみ》城、正木淡路守《あわじのかみ》家〈内房《うちぼう》正木氏〉、富津市）・同金谷《かなや》城（淡路守家属城、富津市）・安房勝山《かつやま》城（正木安芸守《あきのかみ》家〈内房正木氏庶流〉、鋸南《きょなん》町）を拠点として、沿海地域で領域支配を展開して、各自で水軍を編成した家も存在する。ただし、これらの正木諸氏は、房総半島における里見氏の海上戦略を支えつつ、状況次第で里見氏から離反して、北条氏による海上支援を受けることもあった。

こうした沿岸地域の城主による水軍の編成は、北条方でも確認することができる。

北条氏の場合、一門の玉縄北条氏がたびたび房総地域に渡海しており、当主が座乗するための「大船」（安宅船か）も所有していた（「相州文書」）。玉縄北条氏は、相模玉縄城（鎌倉市）を本拠としていたが、三崎城を拠点に三浦郡も管轄しており、三浦郡に駐留していた水軍諸将を統括していた。さらに玉縄家自体が直属水軍を編成することで、対房総戦略の主軸に相応しい海陸両用部隊としての性格を帯びたのである。

また、永禄九年（一五六六）以降、北条氏は三崎城と三浦郡の管轄を玉縄北条氏から北条氏規《うじのり》（三代氏康《うじやす》の庶子）に移している。当時の三浦半島は、前述した里見水軍の来襲などより緊迫を増しており、玉縄城から管轄する体制では十分に対応できないため、一門が三崎城に在城する体制に切り替わったのである。実際、新たに三崎城主となった氏規は、三崎城に駐留する梶原氏・山本氏などの水軍を統率しつつ、房総沿岸における「半手」（北条氏・里見氏に両属）の諸村からの年貢収納も管轄するようになった（「山本文書」）。

なお、伊豆半島でも、北条氏は一五八〇年代後半に羽柴氏との緊張を前提に、海上防備の拠点として下田《しもだ》城を築城し、南伊豆郡代《ぐんだい》の清水氏とともに、梶原氏を在城させようとしたが、城内の配置についての調整がつかず、清水氏が単独で守衛することになった。清水氏とその配下も、伊豆国南部を地盤として、水軍編成の条件を満たしており、梶原氏と連携せずとも、海上防備の任を全《まっと》うしうると自負していたのであろう。

このように、北条氏・里見氏の水軍は、海賊や沿海領主の動員のみで構成されていたわけではなく、沿海の要衝に一門・重臣を配置して、その支配領域・管轄領域で編成された水軍も含めて、海上軍事戦略を展開していた。

駿河今川氏と東海地域

東国において、里見氏・北条氏よりも、さらに広大な海域で水軍を編成・運用していた大名が駿河今川氏であった。今川氏の領国拡大は、西進を基調としており、本国の駿河国から、遠江《とおとうみ》国・三河国を経て、尾張国南部にまで及んだ。その結果、今川氏領国の沿海地帯は東西に延伸して、駿河湾の他に、浜名《はまな》湖や三河湾などの内湾を包含した。

当然、長大な海岸線を保持するには、相応の規模に水軍を編成することが課題となるはずであり、実際に駿河国・遠江国・三河国の複数の城郭で「海賊船」が運用されていた（「天宮神社文書」）。指定した城郭に、水軍を在番させたのであろう。

また、今川氏による水軍編成は、有事に船舶を供出させる「惣海賊」の制度を特色としていた。この船舶の供出者は、被官だけではなく、商人や寺院（駿河久能山《くのうさん》寺など）も含む広範な階層に及んだ。東海地域では、畿内・関東を繋ぐ太平洋海運が展開され、多様な勢力が交易船を所持・運用するとともに、海上軍役の賦課《ふか》対象となったのである。

その一方で、今川氏の水軍編成では、北条氏の梶原氏・山本氏のように、大名権力との主従関係において、海上の軍役をつとめた氏族の存在が不分明である。

江戸時代の初頭においては、今川氏が伊勢国から海賊の脇《わき》氏・相須《あいす》氏・中西《なかにし》氏・浅沼《あさぬま》氏を招聘して、駿河国江尻《えじり》（清水《しみず》と並ぶ駿府《すんぷ》の外港）を根拠地に設定したという伝承もあった（『本光国師日記《ほんこうこくし》』）。史実ならば、北条氏と同じく、西方から海事技術を導入した事例にあたる。とくに相須氏は、北条水軍の愛洲氏（紀伊国出身）と同音であり、何らかの事実を反映した伝承と理解したいところだが、同時代史料による所見を欠く。伊勢海賊の招聘が史実だとしても、活動を明確に確認できない規模にとどまったと理解すべきである。

おそらく、今川氏の水軍は、特定の氏族に依存した構造ではなく、諸階層から広く薄く船舶を徴発して、運用拠点にあたる城郭に配備する方式が採られていたのだろう。

この水軍の動員・配備体制は、浜名湖においてとくに充実していた。明応七年（一四九八）の大地震により、地峡が崩壊したことから、浜名湖は外海と通じて、海船も出入りできる環境となっており、湖上交通はより発展して、交易船を伊勢湾地域に渡航させる勢力（権太《ごんた》氏など）も存在していた。そして、今川氏も遠江国・三河国の経略を進行させる過程で、浜名湖沿岸で水軍の運用体制を構築していったのである。

浜名湖における今川氏の水軍運用は、

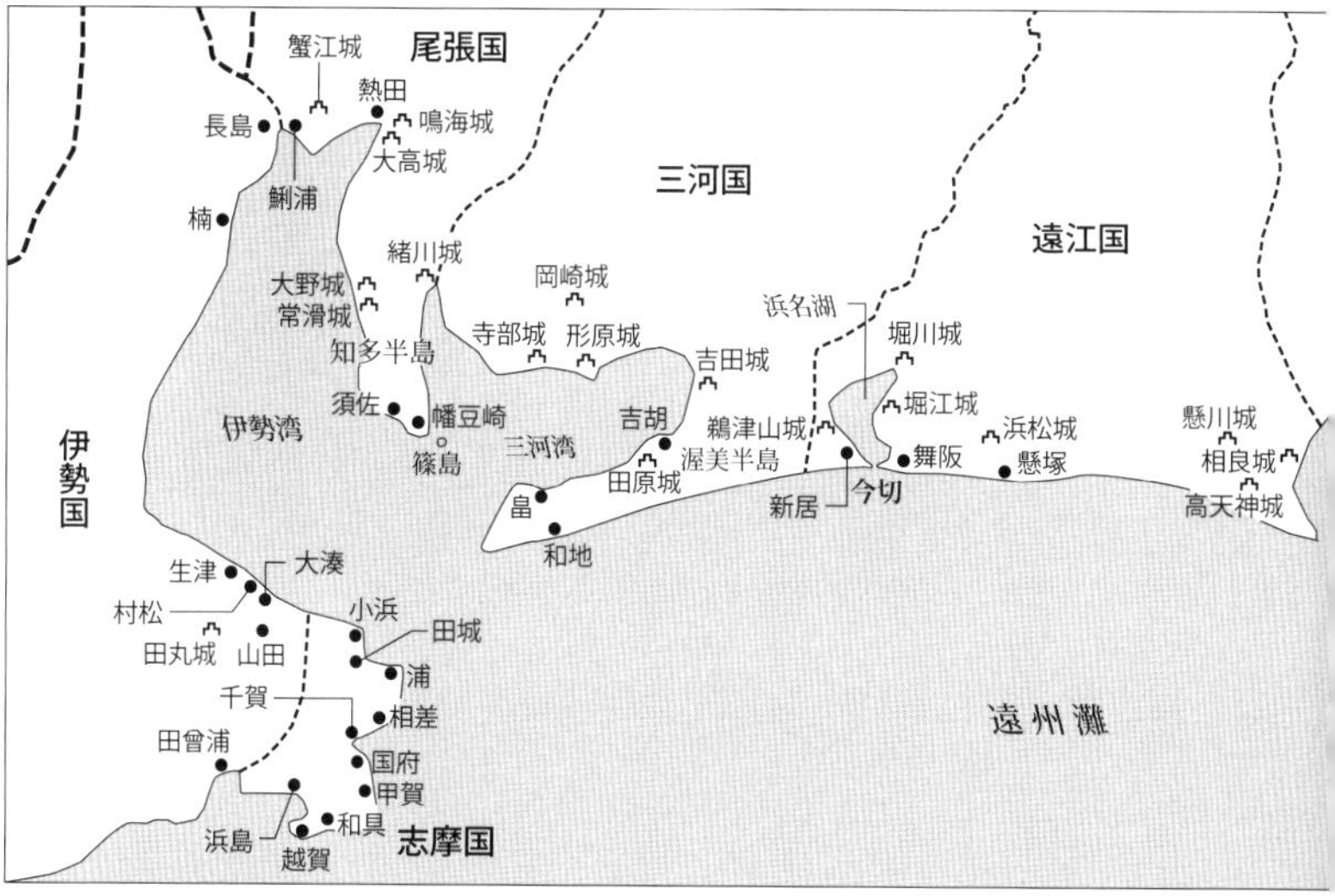

東海地域周辺の要所

基本的に遠江国をめぐる尾張斯波《しば》氏との対戦を優位に進めるために整備された。さらに今川氏領国の拡大は、十六世紀初頭の段階で、東三河にまで及んでおり、懸川《かけがわ》城（掛川城）などの拠点から、東三河に兵力を展開させる方法としても、浜名湖の舟運は軍事的に利用されていた（『宗長《そうちょう》手記』）。

こうした浜名湖の軍事体制は、西岸の鵜津山《うづやま》城（湖西市）を中核とする複数の拠点（堀江《ほりえ》・浜名・刑部《おさかべ》・新津《しんづ》・細江《ほそえ》・堀《ほり》川《かわ》など）によって支えられていた。しばしば今川氏領国を訪れた連歌師の宗長が実見したところによると、大永七年（一五二七）の段階で、鵜津山城の「岸」に大小の船舶が繋留されており、沿岸諸城との往来が頻繁におこなわれていたという（『宗長手記』）。鵜津山城以外の拠点も、同様に船舶の収容機能を備えており、相互に連携することで、浜名湖全域を覆う軍事体制を形成していたのであろう。

ところで、永禄十一年（一五六八）から翌年にかけて、今川氏領国は甲斐武田氏・三河徳川氏に挟撃《きょうげき》されて瓦解したが、その最中にあっても、浜名湖での水軍運用は維持されていた。沿岸拠点のうち、堀川城（浜松市）は徳川方に殲滅《せんめつ》されたが、鵜津山城（西岸）と堀江城（東岸、浜松市）は、相互に連絡を取り合いながら、軍船を出動させ、徳川氏の浜名湖沿岸攻略に対抗していた（「大沢文書」）。そして、両城の水軍運用は、今川氏真《うじざね》が懸川城（武田氏に敗退して駿府から待避）を開城して、今川氏領国が完全に解体するまで継続した。

なお、鵜津山城は今川権力が城代《じょうだい》を任用する直轄の城郭、堀江城は従属国衆である大沢氏の居城であったが、いずれも中安《なかやす》氏が在番していた。もともと、中安氏は浜名湖地域に勢力を扶植していた土豪であり、今川権力と結びつき、新居《あらい》（明応地震で崩壊した地峡の西側。湖上・海上交通の中継点であり、東岸の舞阪への渡航拠点）における関銭《せきせん》の徴収を認められていた（『言継卿記《ときつぐきょうき》』）。今川権力のもとで、浜名湖の水上交通の統制を請け負っており、その技量が戦時に発揮されたのである。

あるいは、浜名湖をはじめ、今川氏領国の各地には、中安氏のように大名権力と結びつき、水上交通に介在する海上勢力が点在しており、各拠点に在番して、諸階層から海上軍事に動員された船舶を運用する権限を付与されていたのではないだろうか。この場合、被官や従属国衆に対して、所領規模に応じた海上軍役を求めるのではなく、大名権力が船舶の指揮権を付与する体制が成立していたことになる。近世の大名権力では、普遍的な事象だが、今川権力は水軍編成の直営を先行的に萌芽させていたのかもしれない。

また、東三河の支配拠点だった吉田《よしだ》城（豊橋市）では、志摩国を出自とする海賊で、伊勢国楠《くす》などに所領を有した千賀《せんが（ちが）》与五兵衛《よごへえ》の在城を確認できる（「千賀家文書」）。前述した伊勢海賊の江尻居住の伝承と合わせ、今川権力が在地勢力のみならず、外部の勢力も招致して、動員された船舶をより有効に運用しうる海賊を確保しようとしていた状況が想定される。

このように、今川氏による水軍編成体制は、他の戦国大名と比較して、精緻ですらあったが、領国の西方周縁までは整備が及んでいなかった。

今川氏の西進は、最盛期の一五五〇年代に尾張国南部まで達した。しかし、知多半島の国衆を服属させないうちに、鳴海《なるみ》城（名古屋市）・大高《おおたか》城（同）などを確保したために、尾張国内の勢力圏は突出部となり、船舶の動員・配備体制を構築することを困難にした。たとえば、天文二十三年（一五五四）には、織田信長の軍事行動（熱田《あつた》から知多半島に渡海）を捕捉できず、信長と提携する緒川水野《おがわみずの》氏を攻略する拠点として築いた村木《むらき》砦《とりで》（東浦町）を喪失した。

今川氏はこうした状況を克服するうえで、鯏浦《うぐいうら》の服部左京亮《はっとりさきょうのすけ》と連携している。服部左京亮は、尾張国河内郡の支配をめぐって、勝幡織田氏《しょばた》（信秀《のぶひで》・信長父子）と敵対関係にあり、利害の一致によって、今川氏との連携を選択したのである。また、鯏浦は木曾川の河口部に位置しており、服部氏は荷之上《にのうえ》の本願寺門徒と結びつつ、伊勢湾海運と木曾川水運の結節点を押さえ、水軍の編成が可能な環境で存立していた。

たとえば、永禄三年（一五六〇）の桶狭間《おけはざま》合戦において、服部左京亮は今川方の攻勢に呼応し、織田方に攻囲されていた大高城（今川方）への兵糧《ひょうろう》搬入を「武者舟千艘」で海上から支援し、さらに熱田（織田方）を襲撃している（『信長公記《しんちょうこうき》』）。千艘という規模は過大だとしても、鯏浦服部氏の水軍が相応の規模だったことが窺われる。

また、服部左京亮は織田信長が擁立していた斯波氏（尾張国守護）と共謀して、今川方の軍勢を海上から引き入れようと画策したこともある（『信長公記』）。未然に信長に察知され、斯波氏が尾張国から追放される結果に終わったが、鯏浦服部氏がその海上活動能力を用いて、積極的に勝幡織田氏に挑戦していた状況を読み取れる。

今川氏は、こうした鯏浦服部氏と結ぶことで、尾張国南部における水軍運用体制の未整備を補完し、海辺に立地する鳴海城や大高城の保持をはかったのであろう。もっとも、鯏浦服部氏にとって、今川氏との関係は、勝幡織田氏を共通の敵とする提携にとどまり、今川氏に従属していたわけではなく、桶狭間合戦以降、今川氏の勢力圏が尾張国から後退したために、提携関係も途絶えることになった。

甲斐武田氏・三河徳川氏と東海海域

前節でみたように、今川氏の領国は、永禄十一年（一五六八）から翌年にかけて、甲斐武田氏と三河徳川氏に挟撃されて崩壊した。しかし、武田・徳川両氏は、駿河国・遠江国の分割のあり方をめぐって、対立を深めていき、元亀三年（一五七二）から本格的な戦争状態に入り、東海地域で水軍の編成と運用を展開していった。

武田氏の場合、徳川氏との対戦に先行して、今川氏支援のために介入してきた北条氏に対抗しつつ、駿河国を確保するうえで、永禄十二年から水軍の編成に着手していた。武田水軍の形成は、まず帰順した今川氏の被官や駿河国の土豪のうち、岡部貞綱《おかべさだつな》・土屋杢左衛門《つちやもくざえもん》・三輪与兵衛《みわよへえ》など、海上活動に適性を有するものに海上軍役を課すことから始まった。これらは、今川氏時代から水軍として活動していた勢力ではなかったが、海上軍事に関する潜在的力量を武田氏から認められて、武田水軍の立ち上げに参加したのである。

とくに岡部貞綱は、信玄側近である土屋昌続《つちやまさつぐ》の弟昌恒《まさつね》を養子に迎えて、「土屋」名字を授与されており、昌続・昌恒兄弟を通じて、武田権力の中枢と結合して、水軍の充実に貢献することになった。元来、岡部一族は今川家中の有力氏族であるとともに、駿河湾地域を中心に、海上活動（交易など）にも携わっていた。そして、武田氏は駿河国で水軍を編成するうえで、岡部一族の中から、貞綱を取り立て、今川氏領国で形成されていた海上ネットワークに働きかける媒介の役割を与えたのであろう。

実際、岡部（土屋）貞綱は、元亀二年（一五七一）頃から伊勢海賊を駿河湾地域に招聘する周旋《しゅうせん》にあたっている（「小浜文書」）。北条氏が一五六〇年代に紀伊海賊の梶原氏を水軍に参加させたように、武田氏も西方の海事技術を導入して、水軍の力量を向上させることを試みており、その方法論として、岡部一族を通じて、旧今川氏領国と伊勢湾地域の間に成立していた海上交通網を活用したのである。

こうした伊勢海賊に対する勧誘は、次節でみるように、尾張織田氏が伊勢北畠氏の領国を併合した時期と重なっていた。織田氏は北畠氏の一門化や、九鬼氏による志摩海賊の統制を進行させており、その状況に反発する海上勢力が武田氏の招聘に応じたのである。織田氏と武田氏が永禄八年（一五六五）頃から同盟関係にありながら、元亀三年後半に敵対関係に転じる一因として、両氏が新規に領国に編入した地域（駿河湾・伊勢湾）において、双方の従属勢力の間に競合状態が生じていたことを想定すべきかもしれない。

伊勢湾から駿河湾に移って、武田氏の水軍に参加した海賊としては、志摩国の小浜氏（小浜）と小野田《おのだ》氏（浜島）、伊勢国の向井氏（田丸）があげられる。そして、これらの海賊は、やがて武田水軍の軍事行動の主軸を担うようになった。

このうち、小浜氏については、駿河湾に移った後も伊勢湾との繋がりを維持しており、伊勢湾・駿河湾の間で持船を運航させて、交易活動を展開していた。また、武田氏も小浜氏の戦功に応じて、運航船の諸役を免除した（「小浜文書」）。あるいは、伊勢湾地域に働きかける経路を拡大するうえで、小浜氏の交易活動を利用する思惑もあったと推測される。

その一方で、駿河湾地域に移るのではなく、伊勢湾地域にとどまり、武田氏と気脈を通じる海賊も存在しており、元亀三年には、武田方の徳川氏領国侵攻に呼応して、渥美半島の田原を襲撃している（「松平奥平家古文書写」）。もっとも、この田原襲撃については、伊勢湾ではなく、三河湾の勢力による行動だった可能性も存在する。武田氏海賊衆のうち、間宮造酒《まみやみきの》丞《じょう》・武兵衛《ぶへえ》は武田氏に投降した北条氏の被官とされるが、渥美半島の畠《はたけ》にも間宮氏が存立しており、その系図には造酒丞・武兵衛も記載されている（『士林泝洄《しりんそかい》』）。徳川氏の三河国統合に服さない勢力が、武田氏と提携していた構図も想定される。

また、武田氏は伊勢湾地域から渡海した海賊（小浜氏・向井氏）に対して、駿河湾の各地に知行地を給付したが、その分布は、中央部の江尻・清水、東部の沼津《ぬまづ》、西部の小河《こがわ》の周辺にほぼ集中していた。いずれも今川氏時代から発展していた有力港湾であり、伊勢海賊に海上活動の拠点を提供しつつ、各港湾の海上防備を整えるための措置であった。

さらに武田氏は、伊勢海賊の知行地や活動拠点を駿河湾に設定しつつ、諸将を在番させる複数の城郭を整備していた。

編成初期（一五六〇年代末）の武田水軍は、久能山城（静岡市）に在番しており、一五七〇年代に入ると、江尻城（静岡市）も築城されて、水軍の拠点として位置づけられた。久能山・江尻の両城とも、清水・江尻（駿河湾水運の中心）の利用や防備を意識した城郭であろう。対徳川氏戦争においては、駿河用宗《もちむね》城（静岡市）に小浜景隆《かげたか》・向井正重《まさしげ》などが在城しており、遠江国の相良《さがら》城（牧之原市）や高天神《たかてんじん》城（掛川市）に対する海上支援（物資・兵員の輸送など）にあたったとみられる。とくに用宗城は、徳川方から「持舟城」と呼称されたほどだった（『家忠日記』）。

ただし、武田氏は天正七年（一五七九）に北条氏（元亀二年に講和）と開戦すると、対徳川氏の前線に配備していた水軍を北条氏領国の伊豆国攻撃に振り向けた。そして、伊豆国に出動する拠点として、沼津に船舶の収容機能も備えた城郭（沼津城。三枚橋《さんまいばし》城とも）を築城した。

なお、武田氏が水軍の拠点として設定した城郭には、基本的に武田氏が任用した城代が在城している（久能山―今福長閑《いまふくちょうかん》、江尻―山県昌景《まさかげ》・穴山信君《あなやまのぶただ》、用宗―三浦兵部《ひょうぶ》・朝比奈《あさひな》信置《のぶおき》、沼津―春日信達《かすがのぶさと》）。これらの城郭は、それぞれ周辺地域の支配・経略を統括する役割も帯びており、城代には一門・重臣・国衆が起用されて、軍事的な必要性に応じて、水軍が在番に参加することになったのである。こうした状況は、北条氏の水軍運用における三崎城（相模）や長浜城（伊豆）と共通しているだろう。

このように、武田氏は比較的短期間で水軍の運用体制を構築したが、徳川氏の水軍編成は遅延していた。徳川方も水軍を編成しており、遠州灘《えんしゆうなだ》で物資輸送の海上警固などに用いていたものの、武田方にしばしば海上戦で敗退している。

江戸時代初期の年代記によると、天正二年（一五七四）二月に鉄砲を多数搭載した大型の「兵糧船」が遠江国今切《いまぎれ》に出現し、徳川方が抑留のために繰り出した小船を撃破した後に姿を消すという事件が起きている（『当代記』）。武田氏が伊勢湾から呼び寄せた船舶との紛争であり、記録に残らない類似の事件が多発していたと理解すべきだろう。前述したように、武田氏の水軍に参加した伊勢海賊は、伊勢湾地域との交易を維持しており、徳川方はその遮断を試みたものの、水軍の規模・力量が不足し、満足な成果をあげられずにいたとみられる。

武田氏・徳川氏とも、今川氏領国の駿河国・遠江国を分割したことは共通しており、徳川氏が確保した西遠江にも、今切・懸塚《かけづか》などの有力港湾が存在していた。しかし、東海地域で海上軍事の基盤となる太平洋海運は、伊勢神宮・富士山という二大信仰圏に依拠する一面を有しており、武田氏は富士山周辺を領国化し、かつ駿河湾の諸港湾を支配下に置いていた。そのため、海上交易の維持・拡大を志向する伊勢海賊に対する吸引力において、武田氏は徳川氏よりも優位に立ち、水軍の規模・力量の格差に反映されたのだろう。

ところが、武田氏が天正十年（一五八二）に滅亡して、徳川氏が駿河国を併合すると、旧武田水軍のうち、小浜氏・向井氏は徳川氏に帰順して、同氏の水軍に参加するようになった。元来が伊勢湾地域の出身であり、武田氏の大名権力と結合して、駿河湾地域に根をおろしたために、上位権力を武田氏から徳川氏に置き換え、駿河湾地域における存立を保持したのである。もっとも、同じ伊勢海賊でも、小野田氏の動向は不明である。小浜氏や向井氏と違い、徳川氏に帰順せずに、駿河湾地域から退去したのかもしれない。

なお、天正十年中頃から後半にかけて、旧武田氏領国をめぐり、徳川氏・北条氏の対戦が進行した（天正壬午《じんご》の乱）。駿河・伊豆両国でも、徳川方・北条方は交戦しており、徳川方の水軍は、向井氏を中心として、武田氏がかつて築城した沼津城から伊豆半島をたびたび襲撃している。あたかも、天正八～九年における武田氏・北条氏の海上戦闘をなぞるかのような展開であった。徳川氏は武田水軍の主力（小浜氏・向井氏）を接収することで、駿河・伊豆両国の海域における武田方の優位も引き継いだのである。

その一方で、天正十年以前から徳川水軍に参加していた氏族の動向は目立たない。従前の徳川水軍は、尾張国出身の中島氏・寺島氏などで構成されたが、伊勢海賊ほどの技量を持たず、小浜氏・向井氏の参入によって、存在感を薄めたのだろう。ただし、渥美半島の畠間宮氏は、武田氏滅亡後に徳川氏に従属して、一五八〇年代には、小浜氏と並ぶ水軍の重鎮として活動するようになった。

伊勢北畠氏・尾張織田氏と伊勢湾地域

本章で確認したように、東国の戦国大名は、水軍を充実させるうえで、伊勢湾や紀伊半島の海賊を招聘した。伊勢湾・紀伊半島の両海域は、太平洋海運の西縁にあたり、さらに伊勢湾は瀬戸内海に次ぐ規模の内海、紀伊半島は瀬戸内海運・太平洋海運の結節点として、海上交通を発展させていたことから、海賊の力量も相対的に高くなったのである。

当然、東国の戦国大名のみならず、伊勢湾地域とその周辺の領域権力も、伊勢湾や紀伊半島の海賊を用いて、水軍の編成・運用をおこなっていた。

戦国期の大部分を通じて、伊勢湾地域における最大の領域権力は、伊勢国司の北畠氏であった。北畠氏は南朝《なんちょう》の重鎮であった北畠親房《ちかふさ》・顕能《あきよし》父子を祖としており、南朝勢力の主軸となって活動し、南北朝の合一《ごういつ》を経て、足利将軍家に帰順すると、将軍家から南伊勢の支配を

九鬼嘉隆像（常安寺蔵、画像提供：鳥羽市教育委員会）

承認された。そして、北畠氏は南伊勢を中心として、周辺（大和国・伊賀《いが》国・紀伊国）に勢力を広げ、その対象は志摩半島にも及び、当該地域の海賊を従属させている。

元来、志摩半島はリアス式海岸のために、天然の良港となりうる地所が多数存在したうえに、伊勢湾に出入りする船舶の往来を監察することにも適した地勢であった。そのため、志摩国沿岸には、伊勢湾地域でも実力のある海賊が群立しており、とくに浦氏・相差《おうさつ》伊藤氏・国府《こう》三浦氏・甲賀《こうか》武田氏・和具《わぐ》青山氏・越賀《こしか》佐治氏・浜島《はましま》小野田氏は、「七島」「七人衆」とも称されたという（『勢州軍記』『寛永諸家系図伝』九鬼氏系図）。

さらに一五六〇年代末以降、尾張織田氏が伊勢国に進出して、環《かん》伊勢湾地域の統合を達成して、同地域の海上勢力を盛んに海上軍事に動員するようになった。この織田氏の水軍編成では、北畠氏との関係が重要な意味を帯びた。つまり、織田氏は永禄十二年（一五六九）に北畠氏を服従させると、信長の次男信雄を養子入りさせ、北畠氏を介して、しばしば南伊勢や志摩半島の海上勢力を水軍として動員したのである。

また、織田氏は志摩国の海賊を統制するうえで、九鬼氏を引き立てている。もともと、九鬼氏は田城《たしろ》城を拠点としており、北畠氏に従属し、山田《やまだ》三方《さんぽう》（伊勢神宮門前町の自治組織）との抗争に協力するなどして、勢力を拡大していたが、かえって「七島」の反発を生じさせ、没落に追い込まれたとされる。しかし、庶流の嘉隆が織田氏と結びつき、織田氏が北畠氏を従属させた前後に、志摩国に入国し、嫡流の澄隆《すみたか》を擁立し、本領復帰を果たしつつ、「七島」などの諸海賊を統率する立場を得た。その過程で、織田氏・九鬼氏に服さない勢力との抗争も展開しており、前項でみたように、小浜氏・小野田氏（「七島」の一氏）は、志摩国から退去して駿河湾地域に移り、武田水軍に参加している。かつての九鬼氏と同じく、国外の戦国大名と結び、捲土《けんど》重来《ちょうらい》の機会を待ったのであろう。

なお、再建された九鬼氏の家中でも、惣領家の澄隆と、織田氏の権力を背景とする嘉隆の緊張関係が生じていた。そのため、嘉隆は北畠信雄の信認を強調することで、他の志摩海賊との友好関係を構築し、澄隆に対抗しようとしており（「米山文書」）、やがて澄隆に代わって惣領の地位を確立している。北畠氏が織田氏に従属した後も、志摩海賊は北畠氏を尊重する意識を保持しており、嘉隆は織田信長・北畠信雄父子との信頼関係を利用して、志摩海賊の支持を確保し、当主澄隆との対立を制したのである。

伊勢湾における織田氏の水軍運用は、天正元年（一五七三）から翌年にかけて、伊勢国長島の本願寺門徒との対戦で、大規模に実施された。織田氏は長島を攻囲するにあたり、伊勢・尾張両国から「数百艘」の船舶を動員したとされる（『信長公記』）。

とくに北畠氏は、九鬼氏などを派遣するにとどまらず、天正二年の戦役に際して、信雄が自ら乗船して、海上からの攻撃に参加している。北畠氏は志摩海賊を従属させ、海上の軍役を課しつつも、大名権力が直轄する水軍も整備していたのである。

また、次章で述べるように、織田氏は一五七〇年代後半に伊勢湾から大坂湾に水軍を出動させた。この水軍は、九鬼嘉隆をはじめとする志摩海賊のみならず、北畠氏被官の矢野《やの》氏・江波《えなみ》氏・工藤《くどう》氏・智積寺《ちしやくじ》氏によって構成されていた。たしかに、志摩海賊の力量は抽《ぬき》んでていたが、伊勢湾や北畠氏領国には、多様な海上勢力が群立しており、織田氏は北畠氏を介して、その傘下の水軍を転戦させたのである。

ところが、天正十二年（一五八四）の小牧《こまき》の陣において、九鬼嘉隆などの志摩海賊は、織田氏・北畠氏から離反し、羽柴秀吉（もと織田氏重臣）の陣営に参加している。本能寺の変で信長が横死した後、紆余《うよ》曲折《きよくせつ》を経て、信雄が織田氏の家督を代行することになったものの、織田氏・北畠氏の領国を十分に統御できておらず、九鬼氏は上位権力を織田氏・北畠氏から羽柴氏に置き換え、志摩海賊の結集を維持しようとしたのである。

こうした状況から、織田信雄は与党である徳川氏の水軍に期待を寄せ、小浜景隆・間宮信《のぶ》高《たか》（造酒丞）に対して、九鬼氏の所領給付を提示し、戦功に励むように求めている（「小浜文書」）。前述したように、小浜氏は九鬼氏の台頭に反発して、駿河湾地域に移った志摩海賊であり、ついに本領復帰と九鬼氏打倒の機会を得たのである。

九鬼嘉隆も徳川水軍の動向を警戒した模様であり、おそらくは牽制として、渥美半島の吉《よし》胡《ご》・和地《わじ》を襲撃している（「常光寺年代記」）。その一方で、小浜景隆・間宮信高も、志摩国に近く、羽柴方に制圧されていた南伊勢の生津《おいづ》・村松《むらまつ》を襲撃した（「三重県立博物館所蔵文書」）。なお、九鬼と小浜・間宮は、相互に乱妨《らんぼう》行為を応酬しており、関東内海における北条氏・里見氏の海上戦と共通している。

もっとも、織田信雄は徳川水軍に完全に依存していたわけではない。羽柴方の滝川一益《たきがわかずます》が九鬼嘉隆に支援されて、尾張蟹江《かにえ》城（海部郡）に入ると、信雄は徳川軍と共同で蟹江城を攻略し、さらに敗走する九鬼嘉隆を「大船」で追撃し、戦果をあげている（『家忠日記』）。九鬼氏と志摩海賊に離反されたとしても、かつて長島合戦で「数百艘」が動員された尾張国や北伊勢両国の支配を維持しており、相応の規模の水軍を運用できたのである。

また、伊勢国の国衆のうち、北畠氏庶流の田丸氏は、小牧の陣では羽柴方に与同し、九鬼嘉隆とともに伊勢湾を転戦している（「寸金雑録」所収文書）。田丸氏は厳密な意味における海賊（海上活動を主要基盤とする軍事勢力）ではないが、熊野灘の田曽浦《たそうら》などを支配領域に組み込んでおり、水軍編成の条件を満たしていたのである。

このような事例は、同じく環伊勢湾地域に属する知多半島でも確認できる。知多半島においては、常滑《とこなめ》水野氏や大野佐治氏などが独自に水軍を編成しており、長島合戦でも、織田方による海上包囲に参加している。とくに常滑水野氏は、九鬼嘉隆と同じく、安宅船（大型軍用船）を投入しており、水軍の水準は低いものではなかった。

また、大野佐治氏は小牧の陣で羽柴方に与同し、織田・徳川連合軍によって没落に追い込まれたが、被官の千賀重親《しげちか》は、徳川氏に従属することで、知多半島南部の所領（須佐《すさ》・篠島《しのじま》など。現・南知多町）を保全している。本来、千賀氏は志摩国千賀を拠点とした海賊だったが、伊勢海（伊勢湾・三河湾の総称）の各地に一族が分立していた（本章でみた千賀与五兵衛〈伊勢国楠や渥美半島に所領を確保〉など）。そして、千賀重親の場合は、有力国衆である佐治氏の権力と結合し、その海上軍事や知多半島南部の支配に協力することで、当該地域における存立を安定させ、佐治氏の没落後は、徳川氏を頼ったのである。

伊勢湾やその周辺の海賊を家中に参加させて、水軍の充実をはかる手法は、戦国大名に限らず、国衆も含めて、領域権力で広く採用されていたのだろう。

第四章　海上戦闘の広域化・大規模化

毛利氏・三好氏の対決

本章では、十六世紀後半以降の瀬戸内海を事例として、戦国大名による水軍の運用がより広域化・大規模化していく状況を追うことにする。また、瀬戸内海における海上戦闘の大規模化が、他の海域も巻き込んで進行していく構図も提示したい。

十六世紀後半には、大名・国衆の淘汰《とうた》が進行していき、巨大な領国を支配する戦国大名が各地方で台頭した。そして、瀬戸内海地域においては、西の毛利氏と、東の三好氏が勢力圏を隣接させる構図が成立し、やがて競合関係を生じさせている。こうした毛利氏・三好氏の対立は、従前よりも海上戦闘の範囲を拡張する端緒となった。

毛利氏と三好氏は、弘治二年（一五五六）頃から交信を始め、当初は相応に良好な関係を志向していた（「長府毛利文書」）。毛利氏の場合は出雲尼子氏との対戦、三好氏の場合は畿内情勢の安定という優先課題を抱えており、瀬戸内海中部への進出をめぐって競合するような事態を避け、むしろ相互に協調を求めたのである。

ところが、三好氏は永禄元年（一五五八）にこれまで対立していた将軍足利義輝《よしてる》と和解し、その京都帰還を承認して、畿内・京都の支配を安定させると、毛利氏との協調関係を変更するかのような動向をみせるようになった。
まず三好氏は、永禄二年十一月に足利義輝に働きかけ、豊後大友氏に対して、九州探題《たんだい》と大内氏家督の地位を公認させた（「大友家文書録」）。九州探題はともかく、大内氏家督の承認は、毛利氏が弘治三年に討滅した大内氏の旧領（周防国・長門国など）を支配している現状を否定しかねない措置であった。つまり、三好氏は足利将軍家の権威を利用して、大友氏と結び、毛利氏を東西から牽制する戦略を策定していたことになる。

こうした三好氏の外交転換は、第二章でみた宗家・阿波家が複合する同氏の構造が関係していた。具体的には、阿波三好氏が讃岐国を経略する中で、永禄二年九月頃から西讃岐の天霧《あまぎり》香川《かがわ》氏を攻撃すると、毛利氏は香川氏を支援して、三好氏・毛利氏の間で係争関係が生じたのである。そこで、三好氏宗家は阿波家のために、毛利氏・大友氏の対立を助長する措置を講じ、毛利氏が西讃岐に介入してくる事態を阻止しようとした模様である。

その一方で、毛利氏の側も、阿波三好氏によって讃岐国から逐《お》われた香川氏や村上隆重《たかしげ》を庇護している（「八尾市立歴史民俗資料館所蔵文書」）。阿波三好氏による天霧城（善通寺市・多度津町の境）への攻撃に際し、毛利氏と伊予河野氏に両属していた能島村上氏・来島村上氏が参陣したように、阿波三好氏の讃岐国経略は、毛利氏領国が展開する瀬戸内海西部（とくに芸予諸島）にも影響を及ぼしつつあった。そのため、毛利氏は香川氏や村上隆重の本領復帰を支援することで、阿波三好氏の勢力拡大に対する緩衝地域を讃岐国に設定しようとしたのである。

なお、村上隆重はかつて大内氏に従属して、厳島で京・堺商人の船舶から通行料を徴収する権益を認められていたが、大寧寺《たいねいじ》の変（大内義隆が重臣陶晴賢などの謀叛で横死）を経て、その権益を大内氏（大内義長・陶晴賢の政権）から停止されていた（「大願寺文書」）。以後、活動地域を讃岐国に移して、香川氏と提携したところ、香川氏を攻撃する阿波三好氏と対立するようになったのかもしれない。あるいは、讃岐国における香川氏・村上隆重の海上活動は、何らかの形で能島村上氏・来島村上氏の権益と抵触しており、能島・来島両家が阿波三好氏の香川氏攻撃に同調する前提になった可能性も考えられる。

結局、三好氏・毛利氏の緊張は、永禄五年（一五六二）にいったん緩和されて、毛利氏は三好氏宗家の要求に応じて、同年八月に香川氏・村上隆重の庇護を打ち切って追放した。

当時の毛利氏は、足利義輝の調停で成立した尼子氏との和睦を破棄して、戦争を再開させており、足利将軍家からの信頼を損ねることを懸念して、三好氏宗家に執り成しを依頼していた（「毛利博物館所蔵文書」）。そのため、香川氏・村上隆重を放逐して、三好氏宗家に譲歩する姿勢を示したのであろう。また、讃岐国で阿波三好氏との緊張関係を増幅する因子を排除して、対尼子氏戦争に専念しようとしたとも理解できる。

さらに三好氏も、前年から近江六角《ろっかく》氏・河内畠山《はたけやま》氏の連携に苦戦しており、阿波家の実休は永禄五年三月に畠山方との和泉久米田《くめだ》合戦で討死していた。同年中頃に三好氏宗家は六角氏と和睦し、苦境を脱していたものの、阿波家の当主は年少の長治《ながはる》（実休嫡子）に交代していた。そのため、阿波家の北進に関する毛利氏の懸念も相対的に薄れ、香川氏や村上隆重を利用して、讃岐国内に緩衝地域を設定する戦略を停止したとみられる。

このように、永禄年間前半の段階で、三好氏（宗家・阿波家）と毛利氏は、いずれも優先すべき課題を抱えており、瀬戸内海中部で戦端を開く事態を相互に回避した。しかし、三好長慶が永禄七年七月に死去すると、三好氏勢力は分裂していき、その混乱の中で、備前国児島を焦点として、毛利氏と阿波三好氏は衝突を繰り返した。

まず児島に進出したのは毛利氏であり、永禄初年に児島対岸の備中《びっちゅう》国に領国を伸張させて、やがて児島も勢力圏に取り込み、西岸の本太《もとぶと》城（倉敷市）の守衛を能島村上氏に託すようになった。第二章でみたように、能島村上氏は永正五年（一五〇八）に細川高国（管領）から児島の南方に位置する塩飽島の代官職を得ており、毛利氏の児島支配に協力することで、同島にも拠点を確保して、備讃《びさん》海峡の海上交通に介在する体制を一層強化したのである。

その一方で、阿波三好氏も讃岐国宇多津《うたづ》から児島に進出する機会を窺っており、毛利氏に警戒感を抱かせていた。もともと、児島は阿波細川氏の旧領であって、阿波三好氏は同地を併合することで、細川氏勢力圏の統合を完成させようとしていたのである。

それでも、永禄年間の中頃まで、阿波三好氏はおそらく毛利氏との友好維持を望む三好氏宗家に制止されて、児島への出兵を自重していた。しかし、宗家で内訌（当主義継《よしつぐ》・松永久秀《まつながひさひで》と、三好三人衆が対立）が進行すると、阿波家に対する統制も弱まり、永禄十一年（一五六八）九月に、阿波家の軍勢が児島に渡海して、本太城の攻略をはかって、城番の島吉利《しまよしとし》（能島村上氏被官）に撃退されている（「屋代島村上文書」など）。

この本太合戦で阿波三好氏が派遣した軍勢の構成は不明だが、毛利方は戦死した香西又五郎を軍事行動の中心と認識していた。第二章でみたように、讃岐香西氏は瀬戸内海中部（塩飽島・小豆島など）にも勢力を及ぼしており、一族の中には、阿波三好氏のもとで毛利氏・能島村上氏の備讃海峡進出に対抗する動向が生じていたのである。あるいは、阿波三好氏の児島出兵自体が、香西又五郎に牽引されたものだったのかもしれない。

また、本太合戦によって、毛利氏と阿波三好氏の関係は、緊張から明確な対立に移行して、毛利氏は足利将軍家による阿波三好氏包囲網の一翼を担うようになった。当時の将軍義昭《よしあき》は、阿波三好氏（兄義輝を殺害した三好三人衆を庇護）と激しく対立しており、毛利氏や伊予河野氏を与同させて、討伐作戦を展開しようとしたのである。

ところが、元亀二年（一五七一）に入ると、能島村上氏が毛利氏から離反し、阿波三好氏と提携する事態となった。これは、豊後大友氏・備前浦上《うらがみ》氏とも結んだ行動であり、毛利氏は阿波三好氏を包囲していたはずが、かえって東西から挟撃される形勢に陥《おちい》った。

本節でもみたように、毛利氏と大友氏は、旧大内氏領国をめぐって競合関係にあり、三好氏（宗家・阿波家）も、一時は大友氏を毛利氏の牽制に利用していた。実際に、毛利氏と大友氏は、北九州などでたびたび対戦しており、能島村上氏・来島村上氏も毛利方に与同して、その優勢を海上から支えていた。しかし、能島村上氏については、永禄十二年（一五六九）九月頃から、筑前国（毛利氏と係争中）における海上交通の特権承認を提示してきた大友氏と密《ひそ》かに気脈を通じるようになり、元亀二年の離反に至ったのである。

こうした能島村上氏の転向は、本太合戦で阿波三好氏の児島出兵を退けた島吉利の周旋によるところが大きかった。能島村上氏の家中（とくに島吉利）では、備讃海峡（児島・塩飽など）で阿波三好氏と対峙しつつ、北九州への出動も求められるという軍役過多に不満が高まり、むしろ阿波三好氏・大友氏と結ぶことで、備讃海峡における勢力を安定させ、北九州における海上交易の拡大をはかる路線が選択されたのであろう。

それでも、毛利氏は来島村上氏・因島村上氏を自己の陣営に繋ぎ止めており、元亀二年三月から、直属水軍・小早川水軍も動員し、能島周辺や本太城を攻撃するようになった。そこで、阿波三好氏も能島村上氏の支援に乗り出し、重臣の篠原長房《しのはらながふさ》が讃岐国宇多津に在陣して、備前浦上氏と連携しながら、児島出兵の指揮を執った。

さらに阿波三好氏は、毛利方に攻囲されつつあった能島の支援をはかり、七月に岡田権左衛門が指揮する水軍を能島に派遣して、援兵や兵糧を搬入させた（「萩藩閥閲録《はぎはんばつえつろく》」所収文書）。この渡海行動は、能島村上氏配下の塩飽衆の嚮導《きょうどう》で可能となったものだった。塩飽衆も一方的に能島村上氏に支配されていたわけではなく、自己の海上活動を保護する存在として、能島村上氏を上位権力に戴《いただ》いており、その窮地を救おうとしたのであろう。

しかし結局、三好水軍の能島支援は、小早川水軍および来島・因島村上氏の反撃によって、十分な成果をあげることができなかった。また、当時の阿波三好氏は、宗家と再合同して、義昭政権とも敵対しており、十月に入ると、畿内出兵に戦略の重点を移し、毛利氏に対する軍事行動は低調となった。能島村上氏は大友氏と提携しつつ、抗戦を継続したものの、その大友氏に勧告されて、元亀三年十月に来島村上氏と和睦しており、来島家の仲介によって、毛利氏の従属下に復帰していった模様である。

このように、元亀二年における毛利氏と阿波三好氏の対戦は、海上戦闘の範囲を広域化させる様相を呈しながらも、やや中途半端な顛末を辿った。しかし、この戦役を契機として、毛利氏は讃岐国・阿波国に侵攻する機会を窺い、従来よりも積極的に阿波三好氏と対決する姿勢を示すようになった。三好水軍が塩飽衆の協力を得て、能島まで進出してきた展開に衝撃を覚え、阿波三好氏を打倒して、四国東部を自己の勢力圏に組み込まなければ、領国の安定を確保できないとする認識が生じたのであろう。一五七〇年代後半に毛利氏が大坂湾にまで軍事行動を拡大していく前提としても理解できる。

織田氏・毛利氏の対決①——毛利水軍の東進

一五七〇年代後半には、より大規模な戦役が瀬戸内海で展開されるようになった。そのプレイヤーは、三好氏宗家に代わって畿内の覇者となった織田氏と、一五七〇年代前半の苦境を克服して領国をより東方に拡張した毛利氏だった。

かつての三好氏と同じく、織田氏も一五七〇年代中頃まで、毛利氏と友好的な関係にあった。織田氏・毛利氏の場合、ともに将軍足利義昭の政権を支える立場にあり、かつ阿波三好氏を共通の敵としていたことが大きい。元亀四年（一五七三）七月に、足利義昭が織田信長と訣別《けつべつ》して京都から退去すると、毛利氏は義昭・信長の和解を周旋しており、義昭の京都復帰は成就しなかったものの、以後も織田氏との友好を維持して、阿波三好氏を挟撃する方針を確認し合ったほどであった（「吉川家文書」）。

しかし、阿波三好氏の家中では、同年四月頃から織田氏との和睦を望む気運が高まってお

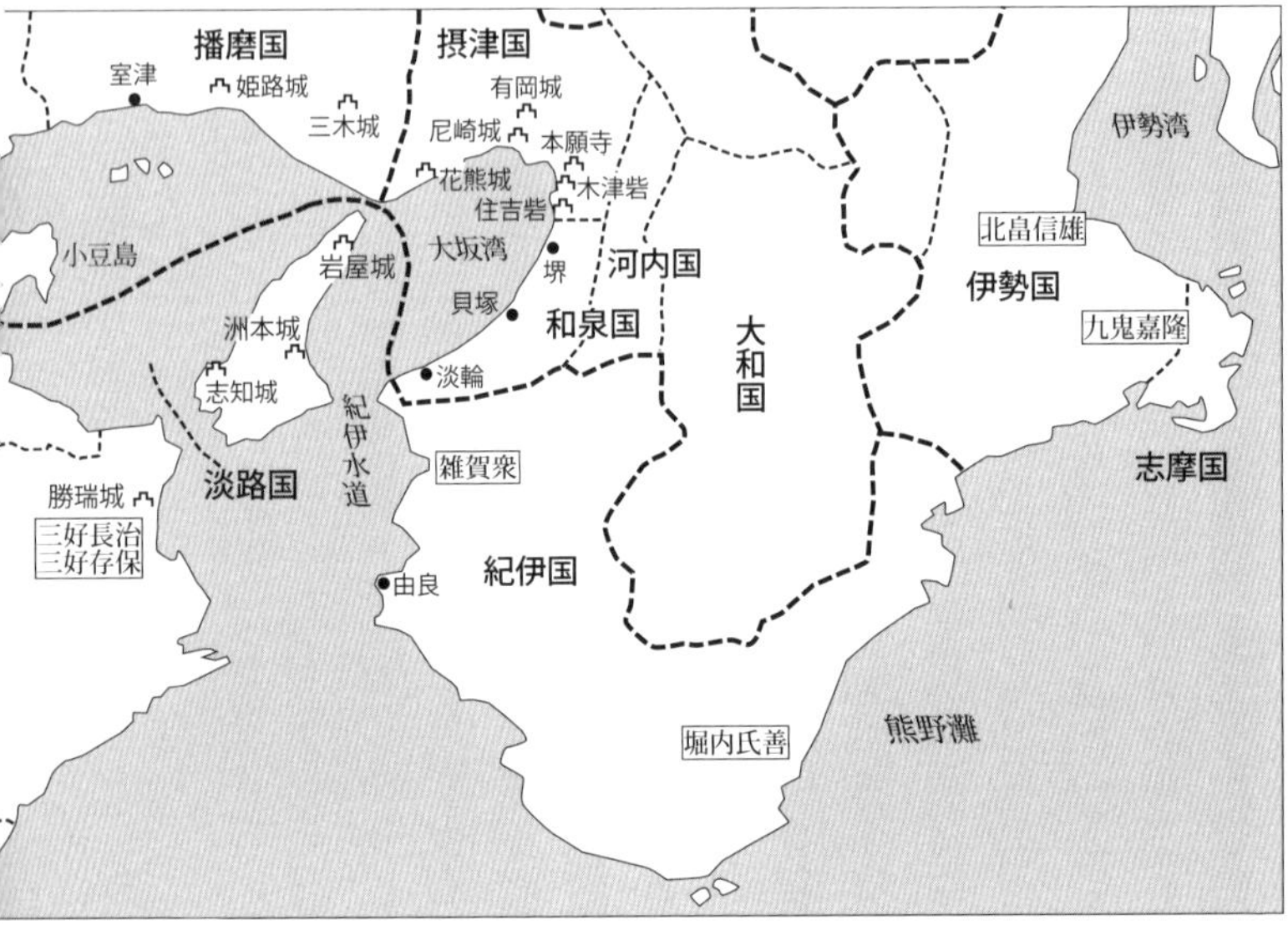

織田氏・毛利氏の勢力図

り、五月に政戦両略《せいせんりょうりゃく》を指導してきた重臣の篠原長房が内訌のために滅亡したことも相俟って、織田・毛利両氏にとっての脅威度は大幅に低下した。

　その一方で、織田氏・毛利氏の間では、元亀四年の段階から、旧赤松《あかまつ》氏領国（播磨国・備前国・美作《みまさか》国）への影響力をめぐる競合が生じるようになり、相互の与党が抗争を繰り広げ、織田氏・毛利氏の緊張を高めていった。

　そして、こうした状況を前提として、足利義昭が天正四年（一五七六）二月に紀伊国由良《ゆら》から備後国鞆《とも》に移り、毛利氏に反織田氏闘争への参入を迫って、開戦を選択させた。前節でみたように、元亀二年の児島・能島をめぐる攻防以

来、毛利氏は四国東部に出兵する機会を窺っていたが、鞆の義昭を推戴《すいたい》することで、より大規模な東進行動を展開する大義名分を確保したのである。

毛利氏の対織田氏戦争は、海上においては、大坂本願寺の支援を軸に進行した。本願寺教団は、元亀元年から織田氏と和戦を繰り返しており、天正四年春にも、足利義昭・毛利氏の連合に同調して挙兵したが、五月の天王寺《てんのうじ》合戦に敗退し、織田方に大坂（教団本拠）を包囲される形勢となった。そのため、義昭・毛利氏の陣営は、同月から水軍を畿内方面に出動させて、海上から大坂を支援する行動を準備していった。また、織田方も毛利氏の動向を察知しており、淡路安宅氏に迎撃を指示している（「萩原文書」）。

本来、安宅氏は三好氏の一族として、その大坂湾支配の一角を担ってきたが、宗家・阿波家が衰勢に向かう中で、天正三年（一五七五）十月頃、織田氏に帰順していた（「萩原文書」）。そこで、織田氏は淡路島を毛利水軍の東進に対抗する前線に位置づけたのである。

さらに織田氏は、住吉に水軍の拠点を築いていた。毛利水軍が淡路島を越えて大坂湾に侵入してくる事態に備えつつ、本願寺与党の紀伊雑賀衆による海上支援も阻止する必要があったことによる措置だった。住吉に配備された水軍は、和泉国の淡輪《たんのわ》（淡輪）・真《ま》鍋《なべ》氏（同）・

沼間氏（綾井）、摂津国の小畑氏（尼崎）・野口氏（花熊）など、大坂湾沿岸の国人で構成されており、『信長公記』はその規模を「三百余艘」としている。誇張はあるだろうが、毛利水軍の諸将が第一次木津川口《きづがわぐち》海戦後に発給した注進状《ちゅうしんじょう》にも、織田方の兵力は「弐百余艘」とある（「毛利家文書」）。大坂湾内でも、海上勢力が相応に成長していたということだろう。

しかし、毛利方はより大規模な「七八百艘」（『信長公記』）の水軍を大坂湾に派遣してきた。この大船団を構成したのは、前記の注進状によると、毛利氏被官（川ノ内警固衆など）の児玉氏・桑原氏・粟屋《あわや》氏・香川氏、小早川氏被官の乃美氏・井上氏・包久《かねひさ》氏・生口《いくち》氏、村上一族の能島家・来島家・因島家・笠岡《かさおか》家・上関《かみのせき》家、備中国人の木梨《きなし》氏などだった。毛利氏・小早川氏の被官や、従属勢力を広く動員し、大坂湾への遠征に臨んだのである。

また、備前宇喜多《うきた》氏も毛利水軍の東進に同調し、重臣の富川《とがわ》（戸川）秀安《ひでやす》を大将とする水軍を出動させた。当時の宇喜多氏は、毛利氏に服属していたが、足利義昭を擁立して織田氏と対決するという大義名分によって、一層協力的な姿勢をみせたのだろう。

もっとも、この毛利水軍の大船団は、集結に少なからず手間取った模様である。六月の段階で、先遣部隊が淡路島に到達し、岩屋《いわや》を拠点として確保して、安宅氏に与同を求めたものの、安宅氏は織田方の立場を堅持しており、後続部隊の遅延もあって、先遣部隊は動揺から離散に至りかねない為体《ていたらく》となっていた（「釈文書」「細川家文書」）。

しかし、七月に入ると、毛利水軍は十分な兵力を岩屋に集結させ、同月十二日に和泉国貝《かい》塚《づか》に渡海して、同地で紀伊雑賀衆の水軍と合流している。そのうえで、毛利氏・雑賀衆の連合水軍は、木津川口に出動して、十三日から十四日にかけ、住吉から邀撃《ようげき》に出た織田方水軍を排除し、大坂本願寺に兵糧を搬入した（「毛利家文書」『信長公記』）。

この後、毛利氏の水軍は、引き続き岩屋に駐留し、雑賀衆とともに、海上から大坂本願寺に物資・援兵を運び込むようになった。織田方による大坂本願寺の攻囲は、その一角を打破され、本願寺は長期持久戦を展開しうる態勢を整えたのである。

そして、こうした状況から、安宅氏も天正四年末頃に織田方から離反して、義昭・毛利方に与同するようになった（「船越文書」）。木津川口海戦で和泉・摂津両国の織田方水軍は大損害を蒙《こうむ》っており、毛利方への抵抗を継続したとしても、援軍の淡路島渡海は期待できず、むしろ義昭・毛利氏に与同して、自己の存立を保全しようとしたのである。

なお、安宅氏の転向を主導したのは、重臣の菅元重《もとしげ》であった（「船越文書」）。第二章でみたように、菅氏はかつて安宅氏のもとで淀川・大和川の合流点である摂津国榎並の代官をつとめていた。しかし、この榎並は、一五七〇年代初頭に安宅氏の支配を離れ、天正四年四月に織田方から三好康長《やすなが》（阿波家一門。前年に織田方に帰順）に宛行《あてが》われていた（「古案」）。そのため、織田氏の従属下で、安宅氏・菅氏が榎並支配の再開を認められる見込みは薄く、菅元重は安宅氏を義昭・毛利方に転向させることで、榎並（および大坂湾・淀川水系の交差流域における権益）の回復を達成しようとしたのであろう。

また、天正五年（一五七七）十二月には、阿波三好氏の当主長治が滅亡した。これは、織田方に内通した旧阿波守護家の細川真之《さねゆき》とその与党に敗北した結果だったとされる。織田方は木津川口海戦の敗退と安宅氏の離反をうけ、大坂湾における劣勢を克服するうえで、阿波細川氏を復興させて、四国東部を勢力圏に取り込もうとしたのであろう。その一方で、阿波三好氏は織田方・毛利方のいずれとも和睦できず、安宅氏に離反され、あまつさえ淡路島に毛利水軍が進出するという苦境に陥っており、危機感を抱いた阿波国衆は、旧守護家を結集核として阿波三好氏を排斥して、織田方への帰順をはかったことになる。

この三好長治の敗死は、織田方と義昭・毛利方の戦略に多大な影響を及ぼした。たとえば、天正五年正月の段階で、本願寺顕如《けんにょ》は安宅氏から長治自害の情報を知らされ、織田方に阿波国を押さえられては、現状の優勢（毛利氏と越後上杉氏の義昭方への与同）に水を差しかねないと懸念していた（「西本願寺文書」）。

そこで、毛利氏は淡路島の岩屋（天正四年以降の拠点）と洲本（安宅氏の本拠）に水軍を在番させる態勢を一層整えつつ、阿波国衆への調略を展開し、三月頃にはある程度の同調者が形成されていた（「萩藩閥閲録」所収文書）。淡路島を毛利方に確保されていることもあり、織田氏と結ぶ細川真之よりも、毛利氏を選択する動向があったのだろう。

さらに毛利氏は、天正五年七月頃に讃岐国に出兵して、宇多津の元吉城《もとよし》（善通寺市）を確保して、同城にも水軍を在番させている。元亀二年の戦役にて、阿波三好氏重臣の篠原長房が宇多津から児島・能島に対する軍事行動を指揮したように、宇多津は備讃海峡の海上交通を扼しうる要衝だった。そのため、毛利氏は元吉城にも水軍を駐留させて、淡路島・大坂湾に向かう海路をより安定させようとしたのである。

一方、三好安芸守を含む讃岐国衆（長尾《ながお》氏・羽床《はゆか》氏・安富《やすとみ》氏・香西氏・田村氏など）は、閏七月に元吉城の攻略をはかった。三好長治が敗死した後も、阿波三好氏の勢力が完全に崩壊したわけではなく、当主不在ながら、ある程度の政治的結合が維持されており、毛利氏の侵入に抵抗したのである。

これに対して、毛利方も水軍を大挙出動させて、陸上戦で讃岐国衆の連合軍を打ち破っている（「浦備前覚書」「屋代島村上文書」など）。諸将の構成は、第一次木津川口海戦とある程度共通しており、毛利水軍の水陸両用部隊としての性格も窺える。

この後、天正六年に入ると、阿波三好氏は長治の弟存保《まさやす》を新たな当主に擁立し、毛利氏と和解している。元来、存保は十河氏（讃岐国衆）の当主であったが、阿波三好氏を継承することで、その勢力圏を保持することを期待されたのである。また、毛利氏も大坂湾における織田方との対決に専念するうえで、讃岐国への出兵に深入りせず、阿波三好氏を自陣営に取り込んで矛《ほこ》を収めたのだろう。

こうして、一五五〇年代後半から続いた、瀬戸内海中部をめぐる毛利氏・阿波三好氏の競合関係は、毛利氏が足利義昭を推戴して、備前宇喜多氏などを従属させつつ、大坂湾にまで水軍を出動させるという状況の中で、阿波三好氏・淡路安宅氏が毛利氏に屈服する形で決着した。まさに天正六年は、瀬戸内海における毛利氏の優位が頂点に達した時期だったが、まもなく織田方の巻き返しにあい、退潮の時期を迎えることになる。

織田氏・毛利氏の対決②——織田水軍の西進

前節でみたように、大坂本願寺の攻囲をめぐる織田方の海上戦略は、大坂湾周辺の海上勢力の与同によって成り立っていた。すなわち、❶和泉国・摂津国の海辺領主（真鍋氏・沼間氏など）からなる水軍を住吉に配置して、❷淡路安宅氏を従属させることによって、本願寺に海上から物資を供給する経路を遮断しようとしていたのである。

しかし、毛利方が想定以上の水軍を繰り出してきたために、織田方の防衛網は脆《もろ》くも決壊することになった。木津川口海戦で和泉衆・摂津衆は甚大な損害を蒙り、さらに安宅氏の離反によって、淡路島も毛利方に確保されたのである。

そこで、織田方は戦略の再構築をはかり、天正六年（一五七八）六月に九鬼嘉隆をはじめとする伊勢北畠氏の水軍を伊勢湾から大坂湾に出動させた。

第三章でも述べたように、織田氏は一五六〇年代末に北畠氏を従属させ、一門に取り込んで、その領国（南伊勢・志摩国）の海上勢力を水軍として動員することを可能としていた。とくに九鬼嘉隆は、織田信長・北畠信雄父子の支持を背景に、庶流の立場でありながら、九鬼氏の主導権を掌握し、志摩海賊を統率する立場を得ていた。そのため、大坂湾への遠征でも、中心的な役割を担うことになった。大坂湾に派遣された水軍には、志摩海賊の他にも、北畠氏被官の矢野氏・江波氏・工藤氏・智積寺氏も参加していたが、これらも九鬼嘉隆の指揮下に入れられた。

ところで、九鬼嘉隆と志摩海賊は、天正四年から紀伊国熊野の新宮堀内氏と抗争していた。これは、北畠信雄が北畠領国とその周縁の反対勢力を制圧するための行動であった。堀内氏を含む反信雄勢力は、足利義昭や毛利氏と提携しており、織田氏と義昭・毛利氏陣営の対立構図が、伊勢湾地域にも及んでいた状況がみえてくる。

もっとも、九鬼嘉隆などが大坂湾に出動したため、堀内氏との抗争は実質的に停止することになった。織田氏は大坂湾における海上戦略の再建を優先し、北畠信雄と九鬼嘉隆に熊野の平定を見合わせさせたのである。この後、天正九年（一五八一）頃までに、堀内氏は織田方に帰順している。後述するように、織田方が大坂湾で優勢に立っていく中で、義昭・毛利氏との提携が困難となり、反信雄勢力から離脱したのであろう。

なお、九鬼嘉隆は大坂湾に出動するうえで、大船六艘を建造して、多数の大鉄砲を搭載させていた。この新造の大船は、防弾のために鉄板の装甲で覆われていたという風聞でよく知られている（『多聞院日記』）。『信長公記』は、滝川一益（織田氏重臣。北伊勢の支配と北畠信雄の補佐を兼ねる）が建造して九鬼嘉隆などに同行させた大船について、「白舟」と表記して、嘉隆建造の大船と区別しており、嘉隆が「黒舟（装甲船）」を建造したことは大筋で首肯できる。ただし、九鬼氏や志摩衆が、自力で大量の鉄板を調達できたとは考え難く、織田氏による助成（広域からの鉄板徴集と供与）がおこなわれたとみるべきだろう。領域権力が海賊と結合して、より強力・大規模な水軍を整備する動向の一事例でもある。

『信長公記』によると、九鬼嘉隆などの水軍は、六月二十六日に伊勢湾から熊野浦に押し出したという。『公記』は言及していないが、大坂湾出動に先行して、かねてより北畠氏・九鬼氏と抗争していた新宮堀内氏を威圧したのであろう。

その後、九鬼嘉隆などは、和泉国堺に向かい、和泉国淡輪沖で雑賀衆の水軍と交戦している。前節でみたように、雑賀衆は淡路島に進出した毛利水軍とともに、大坂本願寺への海上補給を担っており、伊勢湾水軍の大坂湾進出を阻止しようとしたのである。『信長公記』の描写は、織田方の大船が雑賀衆の小船を大鉄砲であしらったとするものの、その後の展開と合わせ、とくに甚大な損害を与えていないことにも留意すべきである。

さらに九鬼嘉隆などは、淡輪で淡輪氏・沼間氏の水軍と合流して、七月十七日に和泉国堺に到達し、大坂本願寺の海上補給を遮断する構えをみせた。

淡輪氏・真鍋氏は、第一次木津川口海戦にて大敗したものの、海上活動能力を完全に喪失したわけではなく、伊勢湾から出動した水軍と合同して、雪辱《せつじょく》に臨んだことになる。第一次木津川口海戦でも、和泉・摂津両国の水軍は、優勢な毛利氏・雑賀衆の連合水軍を相手に、二日にわたって抗戦しており、力量はけっして低くなかった。そのため、織田方は戦力を残していた淡輪氏・沼間氏に伊勢湾水軍の嚮導を委ねたのであろう。

しかし、織田方が海上戦力を再編した後も、大坂湾周辺の戦況は好転せず、むしろ不利な形勢に傾いていった。すなわち、十月から十一月にかけて、摂津国有岡《ありおか》城（伊丹市）の荒木《あらき》村重《むらしげ》が織田方から離反し、足利義昭・毛利氏の陣営に転向したのである。村重は大坂湾北部の尼崎城や花熊城（神戸市）を属城としており、その転向によって、毛利水軍の大坂湾における行動や、大坂本願寺への海上支援は一層容易になった。

こうした状況の中で、毛利氏の水軍は十一月六日に木津川口に出動して、九鬼嘉隆などの水軍と交戦した。通説は、『信長公記』の記事によって、織田方が大船の火力で勝利を収め、大坂本願寺への海上補給を途絶させたとする。しかし、一次史料による限り、毛利水軍は木津浦に着岸しており、本願寺坊官の下間頼廉《しもつまらいれん》などと協議して、荒木村重も加えた持久戦の態勢を整えている（「毛利家文書」）。『信長公記』にしても、具体的な戦果には言及しておらず、戦勝の描写は潤色《じゅんしょく》と理解すべきであろう。

それでも、織田方が毛利方にほとんど一方的に蹂躙《じゅうりん》された第一次木津川口海戦と比較して、第二次木津川口海戦は『信長公記』が勝利を主張しうる程度の内容ではあったのだろう。天正七年正月に、織田信長は九鬼嘉隆を堺から安土《あづち》に出頭させ、志摩国への一時帰還を許しており、織田方にはある程度の余裕が生じていた。その一方で、本願寺も同時期に毛利氏に兵糧搬入の謝意を述べており（「広島大学所蔵文書」）、海上補給は依然継続していた。第二次木津川口海戦の意義は、大坂湾（あるいは、木津川口周辺）の戦況が、毛利方の一方的優位から、織田・毛利両陣営の拮抗に移行したことにあったとみられる。

織田氏・毛利氏の対決③——混迷する戦局

大坂湾をめぐる攻防は、天正七年（一五七九）により複雑な様相を呈していった。

織田方は前年に第二次木津川口海戦でそれなりの戦果をあげたものの、毛利方は大坂湾から後退するどころか、摂津国内の木津・尼崎・花熊などにも水軍を在番させ、大坂本願寺や荒木村重が展開する持久戦を支援した。とくに木津の拠点化は、『信長公記』が語る織田水軍の大勝利が「大本営発表」の域を出るものではなかったことを意味する。

また、同年六月には、九鬼嘉隆などが兵糧の欠乏に陥り、堺・平野からの補給で当座の苦境をしのぐ形勢となった（「宮部文書」）。大坂湾・伊勢湾を繋ぐ紀伊国沿岸には、雑賀衆・新宮堀内氏など、足利義昭・毛利氏の陣営に与同する勢力が存立しており、九鬼氏などが本拠から補給を廻漕させることを困難にしていたのである。

さらに九月に雑賀衆の水軍が和泉国佐野浦に進出すると、織田方は九鬼嘉隆の持船を派遣して対応にあたらせている（「日根野文書」）。たしかに、織田方は伊勢湾から水軍を出動させて、大坂湾の海上戦略を再建したが、複数の戦線に兵力を抽出《ちゆうしゆつ》して、本願寺に対する海上補給の遮断に専従させられなかったことになる。

その一方で、足利義昭・毛利氏の陣営も、本願寺・荒木村重を攻囲する織田方の戦線を打破するには至らず、むしろ徐々に劣勢に傾いていた。すでに天正六年の段階で、織田氏は荒木村重の配下であった高槻《たかつき》高山氏・茨木《いばらき》中川氏を調略《ちようりやく》し、村重の支配領域をある程度切り崩すことに成功していた。さらに天正七年に入ると、織田方は前年から攻囲していた有岡城

（村重本拠）に加えて、尼崎城への圧力も強めていった。

こうした戦況の中で、荒木村重は九月に有岡城から尼崎城に移った。これは、巷間《こうかん》で語られるような恐慌《きょうこう》をきたしての敵前逃亡ではなく、尼崎城や花熊城を確実に掌握することで、毛利氏・雑賀衆の水軍との連携を一層強化し、大坂湾の海上戦略を保持しようとする意図に基づく行動であった。実際、十一月に有岡城は陥落したが、尼崎城・花熊城はその後も抗戦を継続している。

しかし、天正八年（一五八〇）三月には、児玉就英が在番中の淡路岩屋城（淡路市）から無断で撤退する騒動を引き起こしており、毛利水軍の大坂湾展開は綻《ほころ》びをみせるようになった。児玉就英は、毛利水軍の編成初期から、直轄水軍（川ノ内警固衆）の中心として活躍してきた児玉就方の後継者であり、村上諸氏などの従属海賊よりも、毛利氏への帰属心は強いはずの存在だった。その児玉就英が戦線離脱を選択したことは、大坂湾に出陣した水軍諸将の負担がきわめて過大となっていた状況を示す事象であった。

もともと、毛利氏は大坂湾に水軍を派遣するうえで、かなり長大な補給線を伸張させていた。ところが、織田方は天正七年八月に備前宇喜多氏を調略し、天正八年正月に播磨国の三《み》木《き》別所氏を討滅するなど、前年後半頃から、足利義昭・毛利氏の戦線を西方に押し上げていった。大坂湾各地に在番する水軍諸将にとっては、前線で孤立しかねない戦況であり、その動揺が児玉就英の戦線離脱という形で噴出したのである。

また、かかる戦略的劣勢の中で、大坂本願寺も籠城継続の意志を衰えさせ、閏三月に織田方の提案によって和睦を成立させた。もはや義昭・毛利氏の陣営が織田方を打倒しうる可能性は失われつつあり、むしろ余力があるうちに織田氏に帰順して、教団の維持をはかることを選択したのである。織田方にとっても、大坂攻囲のさらなる長期化を避け、かつ各地の本願寺門徒の抵抗を終息させられるというメリットがあった。

この後、本願寺教団は大坂から退去して、同地を織田方に引き渡すはずであったが、その履行をめぐって、事態は混乱をきわめることになった。

たしかに、門主の顕如は、四月に大坂から退去したものの、これまで籠城《ろうじょう》を支えてきた雑賀衆・淡路衆は戦意を喪失しておらず、新門跡《もんぜき》として教如《きょうにょ》を擁立して、織田氏への抗戦を継続した（『信長公記』）。第二次木津川口海戦の後も、毛利水軍や荒木村重と連携して、海上補給を維持している自信に基づく動向だった。

なお、淡路衆については、もともと毛利水軍の東進に対応し、その軍門に降《くだ》ったはずだが、天正八年当時はむしろ積極的に大坂本願寺の籠城を支援していた状況を読み取れる。児玉就英の戦線離脱に際して、毛利方の岩屋城保持に尽力したのも、淡路国衆の菅氏であった。前述したように、菅氏などは三好氏・安宅氏に従属していた時期に、摂津国内に相応の権益を得ており、その保持を望み、織田氏に対抗したのであろう。

しかし、七月に荒木村重が織田方の攻勢に堪えきれなくなり、尼崎・花熊両城を放棄して、毛利氏領国に没落した。その一方で、荒木村重や尼崎・花熊在番の毛利水軍が、織田方に殲滅されずに逃げおおせたことにも留意すべきである。とくに花熊城については、九鬼嘉隆などの伊勢湾水軍が追撃に参加したが（「九鬼文書」）、城将の荒木元清《もときよ》や在番の乃美宗勝の退去を捕捉できなかった。

それでも、尼崎・花熊両城の失陥《しっかん》は、教如一派が大坂籠城を継続しえた前提の消失を意味した。そのため、教如は反織田氏闘争を継続しつつも、大坂退去には同意した。

そして、八月二日には、雑賀・淡路から「数百艘の迎船」が派遣され、大坂に残留していた兵力を収容しており、混乱の中で、大坂本願寺は焼失した（『信長公記』）。本願寺（顕如派）との和睦が成立した段階で、九鬼嘉隆などは教団の大坂退去を海上から監視するように信長から指示されていたが、この混乱を無為に看過《かんか》している。和睦後ですら、織田方が木津川口やその周辺における優勢を確保できていなかったことを示す展開だった。

この後、大坂から退去した牢人衆は、十一月に阿波勝瑞《しょうずい》城（藍住町）を占拠し、土佐長《ちょう》宗我部《そかべ》氏に圧迫されて勝瑞城から退去していた三好存保を復帰させた（「吉田文書」）。当時、織田方は長宗我部氏と結び、阿波三好氏を没落させつつあったが、本願寺教団の抗戦派を取り逃がしたために、この戦略に支障を生じさせたことになる。

そこで、織田氏は阿波三好氏を足利義昭・毛利氏の陣営から離脱させるべく、長宗我部氏と阿波三好氏の調停を試みたものの、かえって長宗我部氏との関係を緊張させ、天正十年には長宗我部氏に対する武力行使を選択するに至った。近年の研究では、この四国戦略の変更によって、長宗我部氏との外交を担ってきた明智光秀《あけちみつひで》は、地位の保全を危ぶみ、謀叛（本能寺の変）を決断するに至ったと理解されている。ある意味で、本願寺の大坂退去に関する海上監視の失敗が、織田政権の倒壊に繋がったのである。

織田氏・毛利氏の対決④——毛利水軍、崩壊せず

天正四年（一五七六）から続いた毛利水軍の大坂本願寺に対する海上支援は、天正八年に本願寺教団が大坂から退去したことで頓挫した。ただし、それなりに余裕のある段階で、摂津国内の拠点（尼崎・花熊・木津など）に在番していた諸将を後退させ、兵力を温存しており、淡路島も依然として確保していた。また、前節でみたように、三好存保が淡路衆・雑賀衆に支援され、阿波勝瑞城に復帰するなど、阿波・讃岐両国の三好氏勢力も相応の支配圏を保持していた。つまり、摂津方面では敗退しつつも、淡路島を防衛線として、織田方の海上攻勢

を大坂湾の内部に押しとどめうる形勢ではあった。

ところが、天正九年（一五八一）十月には、織田方の羽柴秀吉が播磨国から配下の水軍を淡路方面に出動させ、室津《むろつ》で毛利水軍の「警固船二百艘計」を撃破した（「蜂須賀家文書」）。第二次木津川口海戦と比較して、明確な戦勝であり、淡路島周辺でも毛利方の優位が失われたことを意味する。数年に及ぶ淡路島在陣から、厭戦《えんせん》気分が広がっていたのだろう。前節でみたように、備前宇喜多氏が天正七年に織田方に転向し、毛利氏領国から淡路島への連絡・輸送などを維持することが困難となっていた状況の影響も大きいはずである。

さらに羽柴秀吉は、池田《いけだ》恒興《つねおき》（荒木村重に代わって、摂津国経略を担当）の嫡子元助と共同で、十一月に淡路島に上陸して、毛利水軍が拠点としてきた岩屋城を攻略（『信長公記』）、洲本城の安宅氏を織田方に再度帰順させた。また、淡路島南部に志知《しち》城（淡路市）を取り立て、ほぼ「一国平均」という成果をあげている（「古文書纂」）。これによって、毛利水軍は淡路島を喪失し、摂津国撤退後も維持してきた大坂湾の戦線は崩壊することになった。もともと、羽柴秀吉は播磨国平定の過程で、自前の水軍を編成しており、大坂湾の外部から淡路島を攻撃し、毛利水軍の排除に成功したのである。

こうして淡路島を織田方に占領されたことで、毛利水軍の前線は備讃海峡まで後退したが、その保持も予断を許さない状況であった。天正十年二月には、備前国児島東部の小串《こぐし》高畠氏が織田方に転じたことに乗じて、宇喜多氏の軍勢が児島の制圧をはかって渡海している。これは、海上勢力の離反の始まりも意味する事態だった。

元来、毛利氏領国の拡大は、国衆の存立保証を積み重ねる中で進行してきた。然《しか》るに、天正八年以降の劣勢は、毛利氏の安全保障能力を疑わせる展開であり、国衆の従属を動揺させ、海上戦略にも影響を及ぼしたことになる。

ただし、毛利氏は宇喜多氏の攻勢に対応して、穂田《ほいだ》元清《もときよ》（元就四男）・冷泉元満《もとみつ》などを派遣し、八浜《はちはま》合戦で宇喜多勢を撃破して、児島攻略を頓挫させた（「岡文書」「冷泉文書」）。第二章でみたように、穂田元清は安芸桜尾城の城主として、独自に水軍を編成しており、その実力が海上移動で発揮されたのである。また、冷泉元満は大坂湾を転戦した海将であり、大坂湾から引き上げた水軍兵力が備讃海峡の防衛にあてられた構図がみえてくる。

さらに三月にも、織田方の水軍（羽柴秀吉の水軍か）が児島の比々《ひび》・下津井《しもつい》まで押し寄せたが、毛利方の防備に隙を見出せず、上陸せずに塩飽島まで後退している（「屋代島村上文書」「藩中古文書」）。その一方で、塩飽島が織田水軍の拠点となっている状況から、塩飽衆が織田方の陣営に転向していたことも判明する。

このように、毛利水軍は備讃海峡を防衛線に再設定していたものの、同地域の従属勢力は相次いで離反しており、織田方に打破されるのは時間の問題だった。さらに毛利氏本国の安芸国においては、領国の崩壊に繋がりかねない深刻な事態が進行しつつあった。

すでに天正八年閏三月の段階で、織田方の羽柴秀吉は、調略した宇喜多氏を介して、来島村上氏に与同を働きかけていた（「藩中古文書」）。宇喜多氏は第一次木津川口海戦に重臣の富川秀安を参陣させたように、相応の規模の水軍を編成しており、支配領域（備前国など）の海上勢力を来島村上氏と交渉する経路として活用したのであろう。

また、能島村上氏も天正九年十一月頃に織田信長に鷹を進上しており、信長も要望を受け容れる旨の返書を送付している（「屋代島村上文書」）。能島村上氏は淡路島の失陥をみて、毛利氏から離反し、織田氏に帰順する交渉を進めつつあった模様である。塩飽衆が織田方に転じたことも、従属する能島村上氏の姿勢を察しての選択だったとみられる。

さらに天正十年（一五八二）に入ると、羽柴秀吉の調略は、乃美宗勝にも及んだ（「乃美文書」）。秀吉は来島村上氏・能島村上氏の反応に自信を抱き、小早川隆景の重臣として、毛利氏の権力により深く結合している乃美宗勝を調略の対象に加えて、毛利氏の水軍（および家中全体）を揺さぶろうとしたとみられる。なお、乃美宗勝に対する調略は三月のことであり、前述した比々・下津井への水軍派遣とほぼ同時期だった。前月の八浜合戦の結果をうけて、毛利水軍の切り崩しに一層注力しながら、備讃海峡に圧力をかけ続けたのである。

結局、乃美宗勝は調略に応じなかったが、嫡子の盛勝《もりかつ》は織田方に転じる意思を示していた模様であり、秀吉は盛勝単独の同心でも歓迎する旨を伝えている（「乃美文書」）。元来、乃美氏は毛利氏・小早川氏の権力と結合して、海上活動を展開してきた家であり、能島村上氏・来島村上氏ほどの自立性を有してはいなかった。その乃美氏ですら、内部で離反論が生じるほど、毛利氏は危機的状況にあると認識されていたことになる。

四月に入ると、来島村上氏が織田方への転向を明確にした。羽柴秀吉が備中国で大規模な攻勢に出ようとしていることに呼応した行動であろう。しかし、案に相違して、能島村上氏・因島村上氏や乃美盛勝などは同調せず、来島家重臣の村上吉継・吉郷なども毛利方にとどまって、当主通総と訣別する展開となった。この段階では、まだ毛利水軍は備讃海峡の防衛線を維持しており、当面は織田水軍の来援を望めず、むしろ毛利方の報復を受けかねない形勢だった。そのため、来島家以外の諸勢力は離反に踏みきれず、来島家自体も織田方（通総）と毛利方（吉継・吉郷）に分裂する事態に至ったのである。

それでも、毛利方は来島村上氏への対応に水軍兵力を割かざるをえず、備中国に出陣した主力への海上補給は滞《とどこお》った（「岡家文書」）。あるいは、来島村上氏は窮地に陥るリスクを承知しつつ、以後の厚遇を期して、織田方の攻勢に貢献しようとしたのかもしれない。

ところが、六月に本能寺の変が勃発すると、備中高松城（岡山市）を攻囲していた羽柴秀吉は、毛利氏と和睦して撤退し、毛利氏は窮地を脱することができた。この後、毛利氏は畿

村上通総像（安楽寺蔵、画像提供：玖珠町教育委員会）

内で政治的主導権を確保した秀吉と協調するようになり、むしろ秀吉が進める西国経略への参画を通じて、領国を四国・九州に拡張するようになった。

その一方で、来島村上氏は見込みが外れ、毛利方の報復に堪えきれず、当主通総は芸予諸島から一時的に没落する事態に至った。どれほどの自立性を誇ったとしても、家中が割れて、周囲から孤立する状況で、毛利氏と渡り合うことは困難だったのである。

また、乃美盛勝が天正十年中に死去したことも、内応露顕による粛清《しゆくせい》とする見方が多い。毛利氏領国の崩壊が未然に終わったため、乃美氏は毛利氏・小早川氏との主従関係を維持するうえで、後継者の盛勝を切り捨てる必要が生じたのであろう。

このように、毛利水軍は大坂本願寺の海上支援に失敗し、淡路島を喪失しながらも、総崩れとはならず、備讃海峡の防衛線を維持することで、芸予諸島における離反の拡大を抑制し、ともかくも織田方の攻勢に堪えきったのである。

第五章　豊臣政権下の水軍と海賊

羽柴秀吉の台頭とその水軍

織田信長は天正十年（一五八二）に本能寺の変で斃《たお》れたが、その領国・家中の枠組みは瓦解せず、重臣の羽柴秀吉によって維持された。また、信長のもとで進行していた領域権力の統合も、指導者を織田氏から羽柴氏に置き換えることで継続した。

もともと、織田氏は領国の拡大に伴い、重臣たちに領国周縁の経略を委任する方針を採っていた。その中で最大の成果をあげたのが羽柴秀吉であり、天正五年（一五七七）に播磨国に入国すると、安芸毛利氏の攻勢や国衆（三木別所氏など）の抵抗に対処しながら、中国地方の東部を平定していき、本能寺の変直前には、毛利氏の領国・家中を崩壊に追い込みつつあった。また、前章でみたように、大坂湾をめぐる攻防の帰趨を決した天正九年の淡路島制圧も、秀吉が主導した軍事行動であった。一五七〇年代後半の織田氏領国の西方拡大は、秀吉に牽引されることで進んだと評価しても過言ではない。

そして、羽柴秀吉は対毛利氏戦争の前線を担う立場から、播磨国で水軍の編成もおこなった。播磨国は、かつて三好氏が基盤とした大坂湾地域の一角を占めており、高砂《たかさご》梶原氏のような海上勢力も存立していた。つまり、編成の主体となる領域権力さえ存在していれば、毛利氏にも対抗可能な水軍を創出しうる環境だったのである。

そして、一五八〇年代の段階で、羽柴秀吉が播磨国にて編成した水軍は、小西行長を中心に運用されていた。行長は港湾都市として発展していた和泉国堺の出身であり、それゆえに海上軍事の指揮にも適性を備えていたとみられる。秀吉子飼いの家臣のうち、一般に「武功派」と認識されている加藤清正《かとうきよまさ》や福島正則《ふくしままさのり》との比較から、行長は吏僚《りりょう》的な人物として評価されることもあるが、その経歴は水軍の指揮官として始まったのである。そもそも、当時の正則・清正は、秀吉の馬廻《うままわり》の一員でしかなく、一般的な印象と相違して、行長は正則・清正よりも先行して、一軍の指揮を預かっていたことに注意すべきである。

小西行長像（画像提供：宇土市教育委員会）

なお、小西行長の海上軍事活動について、物資の輸送を中心としており、実戦経験は少なかったかのように論じる向きもある。しかし、これは「行長＝吏僚」という先入観に基づくものであって、実態に即した論説ではない。

むしろ、海将としての小西行長は、赫々《かくかく》たる戦果をあげている。そもそも、天正九年の淡路島制圧は、秀吉配下の水軍が同年十月に室津から出撃して毛利水軍を撃破し、海上の優勢を確保したことで可能となった成果だった。そして、織田信長は蜂須賀正勝《はちすかまさかつ》（秀吉与力《よりき》）に宛てた書状で、安宅船に乗った「小西」の働きを称賛しており（「蜂須賀家文書」）、海戦の戦勝が、行長の指揮によるものだったことを確認できる。

こうした小西行長の活動は、毛利水軍の児玉氏と同様、領域権力によって新規に創出された水軍指揮官の事例といえる。ただし、草津《くさつ》を所領とした児玉氏と違い、初期の小西行長は特定の所領を設定されていたわけではなく、秀吉分国の播磨国から動員された船舶などを集約・指揮する権限を与えられるにとどまっていたとみられる。

小西行長が秀吉配下の水軍指揮官として活動した時期に、拠点に設定されていたのは播磨国室津であった。天正九年の海戦でも、行長は室津から出撃している。また、行長はキリスト教の信徒であって、天正九年頃には、室津でのイエズス会の布教に便宜をはかっており、ルイス・フロイスの『日本史』は、当時の室津を行長の所領と表現している。しかし、行長が明確に支配領域を形成するのは、南肥後《ひご》に入部する天正十年代後半以降のことである。武田氏が直轄港湾の清水を駿河湾における水軍運用の拠点としたように、秀吉は室津に行長を配置して、水軍活動に従事させていたのが実態だろう。

もともと、室津には赤松氏（播磨国守護）が円心《えんしん》（則村《のりむら》）の代から海上交通に介在する拠点として運用してきた経緯があり、同地に築かれた室山城《むろやま》（たつの市）には浦上氏（赤松氏重臣）が在城していたこともあった。室山城については、浦上政宗《まさむね》が永禄七年（一五六四）に龍野《たつの》赤松氏に滅ぼされたことで廃城になったとされるが、室津の海上活動拠点としての性格は、秀吉の播磨国支配でも継続していたのである。なお、浦上政宗は姫路《ひめじ》黒田氏（近世の筑前黒田氏の祖）と婚姻関係にあり、秀吉はその黒田氏（孝高《よしたか》〈如水《じょすい》〉）から姫路城を譲渡され、播磨国や中国東部を経略する本拠に用いた。あるいは、秀吉が室津を海上軍事の拠点としたことは、黒田氏の提案・周旋によるものではないだろうか。

なお、小西行長の父立佐《りゅうさ》も、羽柴秀吉に仕えており、天正八年頃には、播磨国網干《あぼし》郷などの沿岸諸村の支配に関わっていた（「三木文書」）。おそらく、立佐は播磨国海浜の秀吉直轄領を総括する立場にあり、行長は立佐を介して、播磨国沿岸各地（秀吉直轄）の船舶・水夫《かこ》などを室津に集結させ、海上戦力として運用していたのではないだろうか。

さらに羽柴秀吉が瀬戸内海中部地域の経略を進行させていくと、小西行長は天正十年頃から小豆島の代官もつとめるようになった。前章でみた児島をめぐる八浜合戦の敗退をうけて、行長とその指揮下の水軍が瀬戸内海中部にも出動して、十分に活動しうる環境を整備しようとしたのだろう。秀吉の分国が播磨国から中国地方東部に広がっていくとともに、行長が管轄を委ねられた海上活動の拠点も増加したのである。

ところで、播磨国にあって、羽柴秀吉の水軍を構成したのは、小西行長だけではなかった。たとえば、天正十二年六月に秀吉は長宗我部氏に対抗していた讃岐国十河の三好存保のもとに兵糧を海路で運搬するにあたって、小西行長・石井与次兵衛《いしいよじべえ》・梶原弥助《やすけ》の三人に、「警固之船」による出動を命じている（「竹内文書」）。このうち、石井は明石、梶原は高砂を拠点としていた海上勢力であった。秀吉は播磨国を平定していく中で、海上勢力の帰順を受け容れ、海上の軍役を課しつつ、直轄領から動員した水軍の指揮官に小西行長を起用して、織田家中でも随一の規模の海上戦力を有するに至ったのである。

もっとも、石井与次兵衛・梶原弥助の両人については、小西行長ほどに顕著な海上活動を見出せないことにも留意すべきである。羽柴秀吉の水軍運用は、既存の海上勢力を活用するよりも、新規に取り立てた水軍の指揮官を重んじる傾向にあった模様である。水軍の信頼性を確保するうえで、秀吉が導き出した解答であろう。

水軍編成の新機軸

羽柴秀吉が信長没後の政治的主導権を確保して、列島を「豊臣政権」のもとに統合させていくとともに、水軍運用の範囲・規模も一層の拡大を遂げることになった。そして、こうした動向の中で重要な意味を帯びたのが淡路島の存在であった。

すでに天正九年（一五八一）の段階で、羽柴秀吉は池田恒興と共同で淡路島を平定していた。ただし、この軍事行動の主眼は、本願寺の大坂退去後も淡路島で持久していた反織田氏勢力（毛利水軍など）を排除しつつ、淡路安宅氏を織田氏の陣営に復帰させることにあり、淡路島を自己の分国に編入することを志向したものではなかった。

その後、羽柴秀吉は天正十年六月に「中国大返《おおがえ》し」の途上で、明石から淡路島に再度出陣する意向を示している（「萩原文書」）。淡路国衆のうち、菅達長《みちなが》が本能寺の変に乗じて、洲本城を占拠しており、秀吉は明智光秀を討伐すべく、畿内に急行しつつも、洲本城を奪回して、後背《こうはい》（大坂湾）の安全を確保しようとしたのである。

なお、菅氏はもともと安宅氏の傘下にあったが、天正四年（一五七六）には、元重が安宅氏の義昭・毛利方転向を主導している。元重の場合、天正十年段階では、安宅氏の織田方復帰に同調していたが、達長は安宅氏から離反してでも、織田氏に敵対する路線の継続をはかっていたことになる。前章でもみたように、菅氏はかつて摂津国榎並領の代官をつとめており、その回復を果たすうえで、達長は元重以上に行動を先鋭化させたのであろう。

結局、菅達長は短期間で洲本城から退去し、秀吉は淡路島渡海を取り止め、畿内に向かい、山崎《やまざき》合戦に臨むことになるが、淡路島における安宅氏の勢力低下が如実に露呈した展開であった。もともと、安宅氏は阿波三好氏との親族関係によって台頭したのであり、その阿波三好氏が衰退すると、家中を満足に統制できなくなったのである。

この後、羽柴秀吉は安宅氏を従属させながらも、天正十二年（一五八四）七月に淡路島から内陸部の播磨国押部谷《おしべだに》に転封させている（「萩原員崇氏所蔵文書」）。また、押部谷で給付された知行地の石高は二五〇〇石にとどまり、従来と同規模の家中を維持できるものではなかった。すなわち、秀吉は安宅氏を淡路島から排除し、海上勢力としての存立を停止させたうえで、傘下の国衆・海賊との関係を断ち切る措置を採ったのである。

なお、羽柴秀吉は安宅氏の転封に先行し、天正十一年九月から大坂城の普請を開始していた。天正十年以前に播磨国などの中国地方東部を領国化していたことを前提としつつ、さらに摂津国に本拠を置き、環大坂湾地域を基盤とする体制の構築に向けて、動き出していたのである。そして、大坂湾地域を確実に掌握するには、淡路島の安定的な支配が不可欠であって、衰退著しい安宅氏を淡路島から転出させたのであろう。

その一方で、淡路島の海上勢力は、安宅氏のように海上活動を停止せず、豊臣政権の海上軍事戦略に組み込まれていった。すでに天正十年後半頃から、秀吉は淡路島の経略を子飼いの仙石秀久《せんごくひでひさ》に委ね、淡路島の海上勢力を水軍として組織させ、四国東部（阿波国・讃岐国）にたびたび出動させていた。安宅氏を介さずに、淡路島の海上勢力を動員するようになっていたことも、安宅氏の転封を可能にしたのであろう。

さらに天正十三年（一五八五）に四国平定が成就すると、仙石秀久は讃岐国に入封《にゅうほう》し、代わって脇坂安治・加藤嘉明が淡路島に配置された。そして、脇坂安治は洲本城、加藤嘉明は志知城を拠点として、淡路島の東岸地域を安治、西岸地域を嘉明が支配しつつ、それぞれが水軍を組織して、豊臣政権が遂行する数々の戦役に従軍するようになった。

脇坂安治・加藤嘉明の両人は、「賤《しず》ヶ岳七本槍《たけしちほんやり》」の勇名で知られているが、同じ「七本槍」

脇坂安治像（龍野神社蔵、画像提供：たつの市教育委員会）

加藤嘉明像（藤栄神社蔵、画像提供：甲賀市水口歴史民俗資料館）

藤堂高虎像（伊賀上野城蔵）

の中でも、秀吉の親族だった福島正則・加藤清正と違い、特別な背景を持たず、個人の才幹によって取り立てられた存在だった。つまり、羽柴氏は淡路島を確保して、大坂湾の支配を固めつつ、同島の海上勢力を信頼性の高い水軍として再編するうえで、脇坂安治と加藤嘉明に淡路島の分割支配と、海上勢力の把握を委ねたのである。

こうした脇坂安治と加藤嘉明の立場は、水軍の指揮官という点で、天正十年以前から羽柴氏の海上軍事を支えてきた小西行長と共通している。しかし、小西行長は堺の出身であり、もともと海上活動に相応の適性を備え、水軍の編成・指揮を委ねられたとみられるが、脇坂安治・加藤嘉明の場合は、淡路島に入部するまで、海上活動との接点をほぼ見出せない。むしろ、淡路島に入部して、同島の海上勢力と接することで、海上活動の力量を体得していったと理解すべきである。おそらく、羽柴秀吉は小西行長の活動を通じて、水軍としての活動を展開するには、父祖以来の海上活動能力は不可欠ではなく、配下の海上勢力を適宜使役する力量こそが重要であると認識し、若手の子飼いから、脇坂安治と加藤嘉明を登用して、水軍を編成しうる環境（淡路島）に配置したのであろう。

ところで、羽柴氏は四国平定に先行して、天正十三年前半に紀伊国を制圧しており、同国を羽柴秀長《ひでなが》（秀吉弟）の領国に編入している。そして、秀長は大和郡山《こおりやま》城を本拠としつつ、紀伊国各地に重臣の桑山重晴《くわやましげはる》（和歌山《わかやま》）・藤堂高虎（熊野赤木）・杉若無心《すぎわかむしん》（田辺《たなべ》）を配置して、各自に水軍を編成させた。脇坂安治・加藤嘉明と同じく、沿岸に支配領域を設定して、各地域で培《つちか》われてきた海上活動能力を軍事面に振り向けさせたのである。

また、加藤嘉明・藤堂高虎（羽柴秀長・秀保の死後、政権直属の大名に取り立てられる）については、文禄四年（一五九五）に伊予国に転封され、嘉明は松前、高虎は板島を拠点として、引き続き水軍を組織・運用した。淡路島や紀伊半島でおこなった譜代家臣による海上勢力の再編を伊予国でも実施する措置であった。

その一方で、小西行長については、天正十六年（一五八八）に肥後南半国《はんごく》の領主に取り立てられ、以後は海上軍事よりも高次の役割（宗《そう》氏による対朝鮮外交の指導、朝鮮出兵の先陣、明との講和交渉など）を果たすようになった。こうした小西行長の地位上昇によって、羽柴氏の海上軍事の主軸は、天正十年代に取り立てられた水軍諸将に移行したとも理解できる。

このように、羽柴氏（豊臣政権）の海上軍事は、譜代家臣を沿海地域に配置して、水軍としての活動に従事する領域権力（大名）を創出することを特色としていた。羽柴氏の独創ではなく、毛利氏による草津児玉氏（就方・就英父子）の取り立てと同様の手法が、規模・範囲を大きくして展開されていったという理解も可能だろう。

なお、朝鮮出兵における日本水軍の苦戦について、羽柴氏の譜代家臣から取り立てられた水軍大名の力量・経験の不足が強調されることもある。しかし、後述するように、日本水軍が朝鮮水軍に圧倒されていたのは文禄の役序盤に限定され、中盤以降はほぼ互角に渡り合うようになっている。また、戦績から判断する限り、海賊を出自とする水軍大名が譜代の水軍大名よりも善戦していたともみなし難い。むしろ、譜代の水軍大名の存在によって、ともかくも対外戦争に堪えうる規模に水軍が充実して、日本軍は韓半島南部で数年にわたって持久できたというのが実情であろう。

もっとも、羽柴氏の水軍は、取立《とりたて》大名のみで構成されたわけではなかった。取立大名の水軍は、国内外の遠征に従軍することを主務としており、大坂城下の守衛や秀吉の身辺警固にあたる直属水軍も存在した。たとえば、朝鮮出兵で秀吉が本営とした肥前名護屋城（唐津市）の情景を題材とした屛風絵には、名護屋湾を遊弋《ゆうよく》する安宅船が描き込まれている（口絵、二五頁図）。

さらに秀吉の死後、羽柴氏が政権を喪失した段階でも、大坂城下には依然として水軍が配備されていた。慶長《けいちょう》十二年（一六〇七）に来日した朝鮮使節（回答兼刷還使《かいとうけんさつかんし》）は、大坂を通行した際、板屋船《ばんおくせん》（朝鮮水軍の主力艦船）によく似た軍船を実見したことを記録している（慶暹『海槎録』）。大坂の陣においても、徳川方の水軍が出城の福島砦を攻略した際、羽柴方の軍船を奪取している。尾張徳川氏の水軍では、寛永七年（一六三〇）に義丸《よしまる》を建造するまで、大坂城下で鹵獲《ろかく》した大坂丸が最大の艦船だったほどである。

具体的な構成は不明ながら、羽柴氏は領域権力に引き上げた直臣に水軍を編成させつつも、親衛隊としての水軍も組織して、滅亡まで維持していたことになる。

豊臣大名化する海賊たち

羽柴氏（豊臣政権）は、譜代家臣を沿海地域に配置して、水軍を編成させる他にも、従来の海上勢力を服属させ、海上の軍役を課すという方針も採っていた。これにより、志摩九鬼氏・新宮堀内氏・来島村上氏などは、豊臣政権下で独立大名の立場を得ている。

まず九鬼氏は、第三章でみたように、織田氏が北畠氏領国・伊勢湾地域を併合していく中で、織田信長・北畠信雄父子から、志摩国衆の統率を委ねられて台頭した存在だった。しかし、本能寺の変以降、織田氏の家中が動揺を繰り返すようになると、天正十二年（一五八四）の小牧の陣を機に、織田信雄（織田氏家督を継承）との主従関係を解消して、羽柴氏に従属するようになった。上位権力を織田氏・北畠氏から羽柴氏に置き換えることで、志摩国衆の盟主としての地位を保ったのである。

次の新宮堀内氏については、第四章で触れたように、紀伊国熊野にあって、将軍足利義昭や安芸毛利氏と結びつつ、九鬼嘉隆としのぎを削っていた勢力だった。熊野・志摩両地域の海上勢力が、足利義昭・織田信長の対立構図に組み込まれつつ、境界紛争を展開していたと理解することもできる。しかし、九鬼嘉隆と志摩衆が大坂本願寺をめぐる海上戦略に動員されると、九鬼氏・堀内氏の抗争は鎮静に向かい、義昭・毛利陣営の劣勢も相俟って、天正九年（一五八一）頃に堀内氏は織田氏に帰順している。織田氏としては、本願寺を屈服させ、海上戦略が大坂湾から瀬戸内海に拡大しつつある情勢の中で、堀内氏を従属させ、伊勢湾から大坂湾に至る海域を安定させることを選択したのであろう。

羽柴氏も紀伊国を平定すると、堀内氏の本領を安堵《あんど》して、天正十九年（一五九一）には「熊野惣地（頭）」の格式まで授与した。新宮氏による熊野衆の統率に梃入《てこい》れし、海上軍事への参加をより強化するための措置だろう。また、堀内氏と九鬼氏は、豊臣政権下で婚姻関係（九鬼嘉隆養女が堀内氏善室となる）を成立させている。豊臣政権が求める海上軍役に対応するうえで、従前の対立関係を克服して、互助関係への移行を望んだものとみられる。

このように、九鬼氏・堀内氏は、天正十年以降に羽柴氏に服属した海上勢力だが、来島村上氏の場合は、本能寺の変以前からすでに羽柴氏の傘下に入りつつあった。

前章でみたように、来島村上氏は羽柴氏の調略に応じて、天正十年四月頃に織田氏陣営に参入したが、これは同調者を欠いた拙速な行動であり、来島家中すらまとめきれず、かえって毛利方に圧迫される事態となった。さらに本能寺の変によって、織田氏（秀吉）の西進が停止したため、来島村上氏は孤立を深め、天正十一年三月に来島城は毛利方に攻め落とされ、当主通総は秀吉のもとに身を寄せるに至った。

それでも、村上通総の来島退去によって、来島村上氏の勢力が完全に解体したわけではなく、鹿島の得居通幸（通総庶兄）が中心となって抵抗を継続し、毛利氏は制圧しきれずにいた。通総の行動は、通幸に持久戦の展開を委ねつつ、羽柴秀吉の庇護下に入り、その支援を引き出して、苦境を打開しようとする意味合いもあったとみられる。

実際、天正十年以降の毛利氏は、足利義昭の政権回復を主導する路線を事実上放棄し、むしろ羽柴秀吉と妥協して、領国を維持する路線に転じていた。この羽柴氏・毛利氏の和睦は、来島村上氏を没落の危機から救う展開へと繋がっていった。

天正十一年五月の段階で、羽柴秀吉は毛利氏に対して、来島村上氏と停戦するように求め、穂田元清（元就四男。室は村上通康の息女）の周旋もあって、毛利氏・来島村上氏（得居通幸など）は停戦した。秀吉は実質的な従属勢力となった来島村上氏の存立を保全する責任を果たし、一方の毛利氏は来島村上氏との敵対状態を解消することで、芸予海域の安定を回復させようとしたのである。

さらに羽柴秀吉は、毛利氏に村上通総の来島復帰を認めさせ、天正十三年（一五八五）の四国平定を機に、通総の帰還を実現させた。毛利氏・来島村上氏が停戦した後も、能島村上氏は来島村上氏との抗争を継続しており、通総の帰還を遅らせたようである。大名間の対立が従属勢力の抗争を引き起こし、大名の思惑を越えて展開するのは普遍的な構図だった。

なお、来島村上氏が緩やかに従属してきた伊予河野氏は、羽柴氏の四国平定の最中に没落して、毛利一門の小早川隆景が湯築《ゆづき》城（河野氏本拠、松山市）に入り、旧河野氏領国を支配するようになった。そして、小早川隆景は河野氏と来島村上氏の関係もある程度引き継ぎ、来島村上氏は豊臣政権に従属しつつも、隆景の与力に位置づけられた。ただし、小早川隆景が天正十五年に筑前国に転封された後も、来島村上氏は随従せずに本領にとどまっており、ここに来島村上氏の豊臣大名としての立場が確定することになった。後述する能島村上氏の所領移転（および小早川氏への付属）とは対照的である。

こうした来島村上氏の豊臣大名化は、織田・毛利戦争の中で、羽柴秀吉の調略に明確に応じた経緯を前提とするものであった。その一方で、秀吉にたびたび敵対しながら、豊臣政権のもとで独立領主化した海賊として、菅達長をあげることができる。

前述したように、菅達長はもともと淡路安宅氏傘下の勢力だったが、本能寺の変に際して、洲本城を占拠し、反織田氏陣営に加担する行動に出ている。結局、菅達長は短期間で洲本城から退去したが、その後は安宅氏と訣別して、土佐長宗我部氏と提携しながら、羽柴秀吉の大坂湾支配に挑戦し続けた。ところが、四国平定を経て、菅達長は豊臣政権に帰順しており、天正十五年には、播磨国高砂などで知行を給付されている（「菅文書」）。内陸部に転封された安宅氏とは対照的に、海上勢力としての存立維持を許されたのである。

おそらく、羽柴秀吉は粘り強く抵抗する菅達長の力量を評価して、大坂湾地域に構築した海上軍事体制に取り込むことにしたのであろう。豊臣大名としての菅達長の実態（所領の構成・規模など）は不明だが、小田原合戦や朝鮮出兵にて、二〇〇人前後の兵力で出動しており、相応の規模の所領を有していたとみられる。

ところで、豊臣政権のもとで領域権力としての自立を承認された海上勢力は、来島村上氏を除くと、九鬼氏・堀内氏・菅氏など、大坂湾・紀伊半島やその周辺を拠点とする傾向にある。これに堺出身の小西行長、淡路衆を統率させた脇坂安治・加藤嘉明も含めると、羽柴秀吉が大坂城を本拠地に設定しつつ、大坂湾から伊勢湾に至る海域に存立する海上勢力を掌握して、水軍を編成・増強していた構図がみえてくる。大坂湾・紀伊半島が羽柴秀吉の領国に包摂されていく中で、当該地域で培われてきた海事技術がより強力に組織化され、国内統合や対外侵攻に振り向けられていったのである。

水軍からみた小田原合戦

羽柴秀吉は、天正十三年（一五八五）に四国の土佐長宗我部氏、天正十五年に九州の薩摩《さつま》島津《しまづ》氏、天正十八年に関東の相模北条氏と、地方の覇者を軍事的に屈服させ、勢力圏を畿内周辺から列島全域に拡大していった。そして、これらの戦役において、秀吉は水軍を兵員・物資の輸送や、軍事行動の海上支援に運用した。

とくに九州遠征時の薩摩国侵入にあたり、羽柴秀吉は川内泰平寺《せんだい》に本陣を置くと、川内川河口に水軍を集結させ、小西行長・脇坂安治・加藤嘉明・九鬼嘉隆に架橋を実施させつつ、平佐城《ひらさ》（薩摩川内市、川内川・薩摩街道の交点）を攻略させた（「旧記雑録後編」）。兵站《へいたん》の整備から城郭の攻略まで、水軍諸将は幅広い役割を求められていたのである。

また、天正十八年の関東遠征では、より大規模な水軍の動員がおこなわれた。前年十二月に作成された陣立書《じんだてがき》によると、左記の大名が水軍の出動を命じられている。

九鬼嘉隆　志摩国（国主）　一五〇〇人　海賊

脇坂安治	淡路国（洲本）	一三〇〇人	羽柴譜代
加藤嘉明	淡路国（志知）	六〇〇人	羽柴譜代
菅達長	不詳	二三〇人	海賊
長宗我部元親	土佐国（国主）	二五〇〇人	戦国大名
来島通総	伊予国（来島）	五〇〇人	海賊
羽柴秀長	大和国（国主）	一五〇〇人	羽柴一門
蜂須賀家政《いえまさ》	阿波国（国主）	二五〇〇人	羽柴譜代
生駒《いこま》親正《ちかまさ》	讃岐国（国主）	一五〇〇人	羽柴譜代
福島正則	伊予国（国分）	一五〇〇人	羽柴譜代
戸田《とだ》勝隆《かつたか》	伊予国（大洲）	一〇〇〇人	羽柴譜代
宇喜多秀家	備前国（国主）	一〇〇〇人	戦国大名
毛利輝元	安芸国（国主）	五〇〇〇人	戦国大名

（「久留島文書」など）

畿内近国や中国・四国から、総兵力二万人を越える水軍が召集されたことがわかる。
注目すべきは、豊臣政権のもとで海上軍役を主務としてきた大名（九鬼氏・脇坂氏など）や、水軍編成の実績を有する旧戦国大名（毛利氏・宇喜多氏など）に加えて、羽柴氏から一国・半国規模の領主に取り立てられた一門・譜代（羽柴秀長・蜂須賀家政・生駒親正・福島正則・戸田勝隆）も、水軍の派遣を求められたことである。なお、天正十年以前から海将として転戦してきた小西行長が抜けているのは、天正十六年に南肥後の国主に取り立てられ、対外出兵の準備などに携わっていたことによる。

こうした羽柴氏の一門・譜代のうち、羽柴秀長については、前述の通り、藤堂高虎などの重臣を紀伊国沿岸の要所に配置して、同国の海上勢力を軍事動員する体制を整備していた。さらに、豊臣政権が平定後の四国に入封させた生駒親正・蜂須賀家政・福島正則・戸田勝隆（福島・戸田は、小早川隆景転封後の伊予国に入封）の四大名も、やはり領内の海上勢力を水軍として組織化する仕組みを数年で構築していたのであろう。

いまひとつ着目すべきは、土佐長宗我部氏の存在である。一国・半国規模の大名たちは、ほとんどが自ら水軍を帯同して出陣したわけではなく、家臣に水軍を委ねて出動させるにとどまった。しかし、長宗我部氏の場合、当主の元親《もとちか》本人が大船に座乗し、伊豆半島や相模湾を転戦したのである。あたかも家中全体が水軍化したかのような様相だった。

もともと、土佐国は太平洋に臨む地勢となっており、加久見《かぐみ》氏・布《ぬの》氏など、海上活動を展開する勢力が少なからず存立したように、相応の規模の水軍を編成・運用しうる環境にあった。四国統一期の長宗我部氏は、さほど大規模な水軍運用をおこなっていないが、豊臣政権に従属すると、四国外部での軍事行動が多くなると見込み、水軍の整備を進めた模様であり、小田原合戦では、家中総出で水軍として出動するに至ったのである。

　無論、長宗我部氏の家中全体が海上軍事に関する技量を備えていたわけではなく、造船や操船の実務は、浦戸《うらど》湾の池《いけ》一族（浦戸政所の池六《ろく》右《え》衛門尉《もんのじょう》など）に委ねていたのが実態だったとみられる。豊臣政権期の長宗我部氏が本拠を岡豊《おこう》城（南国市）から大高坂《おおだかさ》城（高知市）・浦戸城（同）に移転させたのは、浦戸湾の水運を掌握しつつ、池一族を通じて、水軍編成をより効率化しようとする措置だったとも理解できるだろう。あるいは、視点を変えるならば、池一族は長宗我部氏の権力と結合して、海上活動の規模・範囲を拡張したことになる。

　また、非海賊の領域権力が水軍化して軍事行動を展開する事象は、北条家中における玉縄北条氏や、三好家中における讃岐十河氏など、東西の戦国大名で少なからず類例を見出せる。さらに豊臣政権のもとでは、相次ぐ遠征によって、水軍の規模がより巨大化を遂げていき、国持《くにもち》大名までが水軍として出動することになったのである。

　その一方で、相模北条氏も天正十六年頃から対羽柴氏戦争に備え、伊豆国南部に下田城を築城するなど、伊豆半島の海上防衛を整備していた。本来、北条氏は長浜・田子を伊豆半島における海上軍事の拠点に設定していたが、かつて武田氏・徳川氏の海賊衆に苦戦した経験を踏まえ、より強大な豊臣政権の水軍を迎え撃つうえで、長浜・田子よりも険峻《けんしゅん》な下田に海城を築き、半島東南部に海上防衛線の比重を移したのであろう。

それでも、実際の戦役をみると、北条氏の水軍は羽柴方の水軍にほとんど抵抗できていない。羽柴方の水軍は、駿河国清水に集結し、徳川氏の水軍を合流させると、下田城を攻囲しつつ、並行して小田原城の沖合にも進出して、小田原城包囲の一角を占めている。この一連の展開において、下田城代の清水氏は、約五〇日間に及ぶ籠城に堪えて降服したが、北条水軍の主軸であったはずの梶原氏・山本氏の動向は判然としない。軍記史料などには、長浜で梶原氏、田子で山本氏が徳川水軍に敗退したとするものもあるが、同時代史料による裏づけはとれない。羽柴方水軍との圧倒的な物量差によって、北条氏の海上軍事体制は飽和状態となり、梶原氏・山本氏もなす術《すべ》がなかったのが実情だろう。

羽柴氏（豊臣政権）は各地方を統合していくたびに、遠征時に動員する水軍を巨大化させていき、東国では随一の規模を誇った北条氏の水軍も一方的に制圧した。そして、長距離の航海、兵員・物資の輸送、海上軍事拠点の攻略など、多様な経験を積み重ねて、一五九〇年代の対外戦争（朝鮮出兵）に臨むことになる。

海賊（賊船）停止令の意味

豊臣政権は一五八〇年代に四国・九州を平定して、瀬戸内地域を自己の勢力圏（直轄領や一門・譜代領および従属大名領の総体）に統合すると、瀬戸内海を航行する船舶に対する略奪や関銭徴収の禁止を掲げるようになった。略奪と関銭徴収は表裏一体の事象であり、瀬戸内海各地の海上勢力は、自己の影響力が及ぶ海域における航行の安全を保証する見返りとして、関銭を収取しつつ、支払いに応じない船舶（および敵性勢力の船舶）に向けての実力行使に及んできた。その一方で、豊臣政権は瀬戸内海の統合を果たすと、当該海域における海上交通の自由をより拡張する路線を打ち出したのである。現在、この豊臣政権の方針は、「海賊《かいぞく》（賊船）停止令《ちょうじれい》」と呼ばれている。

なお、海賊停止令で取り締まりの対象となった「海賊」とは、略奪行為・関銭徴収を包括した行為やその主体を指すものであり、軍役としての「海賊」とは意味が異なる。前節でみた豊臣政権下の水軍運用の規模拡張は、羽柴氏・諸大名に従属する海上勢力によって支えられていた。もともと、各地の海上勢力は、無法行為としての「海賊」や、安全保障としての「警固」によって、海上交通から利得を吸い上げつつ、上位権力（大名・国衆など）から「海賊」「警固」と称される海上軍役を課されてきた。そして、豊臣政権は海上交通に対する「海賊」「警固」を基本的に禁じつつ、海上軍役は継続させたのである。

豊臣政権の段階で、海上軍役を表現する文言として「海賊」「警固」を使用する現象は減少し、海上軍役は主に「船手」の文言で表現されるようになり、その傾向は十七世紀以降も続いていく。「船手」という文言そのものは、「海賊」「警固」と並行して使用されており、豊臣政権による造語ではないが、政権が禁じる略奪・関銭徴収との関連性が稀薄なため、海賊停止令以降の海上軍事で主流化した模様である。

なお、瀬戸内海における海賊停止令の存在は、天正十六年（一五八八）七月に西国大名などに頒布された三ヶ条の定書《さだめがき》によって知られている（「早稲田大学所蔵文書」など）。しかし、同定書は備後・伊予両国の間でおこなわれた「盗船」行為に対応して出されたものであり、従前から豊臣政権下の「諸国」で「賊船」行為は禁止されていた。

天正十六年七月定書の前提となった備後・伊予両国間の海賊行為は、能島村上氏によるものであり、同氏は天正十五年七月にも豊臣政権から「賊船」行為を詰問されている。これらについては、能島村上氏が積極的に豊臣政権の禁令に違背《いはい》したのではなく、瀬戸内海中部の航行について、当該海域で大きな影響力を保持する能島村上氏による安全保障（警固）を求める動向が残っていたことを前提とするものであった。

たとえば、イエズス会副管区長のコエリョは、天正十四年に九州から大坂に渡航するにあたって、能島村上氏に過書《かしょ》（通行許可証）の発行を求め、能島側が「関白殿の好意を得て赴かれる」一行には不要と固辞《こじ》したにもかかわらず、懇願して過書を取得した（『日本史』）。前年の四国平定をうけて、豊臣政権は瀬戸内海の諸勢力に原「海賊停止令」に相当する方針を提示しており、能島村上氏も過書の発行（および手数料＝関銭の徴収）を自粛したものの、コエリョは瀬戸内海の海上往来について、能島家の安全保障は不可欠と判断したのである。豊臣政権が「海賊」の禁止を掲げ、海上勢力（能島村上氏）が受容したとしても、海上往来をおこなう側は、政権による自由の保障を容易に信頼せず、従来の慣行に基づく航海の安全確保を望んだ、という構図である。そこで、豊臣政権は能島村上氏による「海賊」「警固」の実質的継続を戒《いまし》め、海賊停止令の貫徹をはかったのであろう。

天正十六年七月定書の頒布に先行して、豊臣政権は同年三月に能島村上氏の本拠地を筑前国冠《かふり》（加布里）に移転させることを決定した。また、能島を中枢として運営された所領も、毛利氏領国の安芸国・長門国・周防国のうちで再設定され、芸予以東の所領は召し上げられた模様である。豊臣政権は瀬戸内海での海賊停止令を貫徹するために、能島村上氏の所領群を西方に移動させ、瀬戸内海中部から排除することで、海上往来者が能島家に安全保障を求める状況を解消させようとしたのであろう。

もっとも、能島村上氏が入封した冠は、玄界灘の海上交通の要衝であって、毛利氏から新たに給付された所領も、長門国の井上・向津具《むかつく》、周防国の香川など、沿海に立地していた。豊臣政権が禁じる「海賊」行為はともかく、海上勢力としての存立を合法的(持船による商業・漁業、海上軍役の履行など)に維持することは可能であった。

また、九州平定以降の豊臣政権は、中国大陸・韓半島への出兵を政治日程にのぼらせつつあったことにも留意すべきである。毛利氏家中にあって、能島村上氏と交流を重ねてきた小早川隆景も、天正十六年二月に豊臣政権から筑前国主に取り立てられている。能島村上氏の冠転封については、対外戦争に備えて、同氏をより韓半島に近い地域に移転したうえで、小早川氏の指揮下に置いたという側面もあったはずである。実際、文禄の役において、能島村上氏は小早川氏のもとで転戦し、戦役中盤には、加徳島《かどくとう》(日本軍の橋頭堡《きょうとうほ》となった釜山防衛網の一角)の守衛に参加している。

このように、冠時代の能島村上氏は、安芸毛利氏・筑前小早川氏に両属しつつ、所領群の広域性を相応に維持し、海上活動も継続していた。もっとも、冠と長門・周防両国の知行地は距離が隔絶しているため、従来のように、本拠と所領群を有機的に結合させることは困難となり、海上勢力としての自己完結性の拠り所は喪失した。つまり、毛利氏・小早川氏の領国・家中の枠組みで海上活動を継続しつつも、独自行動をとることは困難となったのである。

豊臣政権としては、毛利氏・小早川氏に従属する限りにおいて、能島村上氏の海上勢力としての存立維持を認めたのだろう。

ところで、海賊停止令の遵守《じゅんしゅ》・違背をめぐる能島村上氏の冠転封は、海上勢力が統一政権・諸大名の権力に包摂されていく状況を象徴する事例として取り上げられ、豊臣政権の革新性が論じられる傾向にある。ただし、戦国大名の領国でも、流通の発展をはかるべく、海陸を問わず、国衆・被官による通行料の徴収は漸進的に撤廃されつつあったことにも留意しなければならない（「今川氏仮名目録」など）。豊臣政権の場合、全国規模の勢力圏を形成しつつある中で、まず瀬戸内海における関銭収取を否定して、統合の進展とともに、適用地域（九州など）も広げて、違背する勢力は能島村上氏と同様に処罰の対象とした。つまり、海賊停止令の発令・拡大については、先行する戦国大名の志向性に一層の強制力を持たせながら、列島規模に展開させたものと整理するのが実態に合っていると考えられる。

また、海賊停止令の意図は、海上交通の安全保障を通じた利得収取の否定であり、海上勢力の存立そのものを否定するものではなかった。本章でみたように、豊臣政権のもとで水軍運用の規模は拡大の一途を辿っており、水軍の編成を支える海上勢力は有益な存在だった。実際、来島村上氏や菅氏などは、豊臣政権と結びつくことで、旧来の従属関係（毛利氏・河野氏―来島村上氏、安宅氏―菅氏）から脱け出して、海上勢力としての存立も維持している。

能島村上氏のように、豊臣政権が求める秩序を遵守しない場合に懲罰を執行するとしても、海上勢力をことさらに解体しようとしていたわけではない。

たしかに、海賊停止令は、海上勢力の海上交通への介在を制限したことで、その経済基盤を弱め、統一政権・諸大名への従属度を高める方向に作用した。しかし、これは水軍の弱体化を意味する状況ではなく、むしろ統一政権・諸大名が海上勢力を使役して、より規模の大きい水軍を整備することを可能とする前提となったのである。

第六章　朝鮮出兵における水軍と海賊

文禄の役の諸海戦①——対外戦争の衝撃

豊臣政権は一五九〇年代に韓半島に侵攻して、数年間に及ぶ対外戦争を遂行した。「文禄・慶長の役（壬辰《じんしん》・丁酉《ていゆう》倭乱）」とも称されるように、侵攻は二次にわたったが、いずれの戦役でも、韓半島南岸を戦域として、日本水軍と朝鮮水軍の交戦が展開された。また、日本の国家権力が列島外部で水軍を運用したのは、白村江《はくそんこう》海戦（百済《くだら》復興戦争）以来の経験であって、以後の水軍編成にも多大な影響を及ぼしている。

豊臣政権による国内統合の諸戦役では、圧倒的な物量差のために、大規模な海上戦闘は起きなかった。しかし、朝鮮の場合、戦国大名よりも格段に整備された国家機構を備えており、さらに倭寇《わこう》（東シナ海で活動した不法海上勢力）対策の必要から水軍の整備を継続していた。その結果、戦争の全期間を通じて、日朝両国の水軍は、大小の海上戦闘を繰り返すことになった。

日本軍の第一次出兵（文禄の役）は、天正二十年（一五九二）四月から始まり、同月中に朝鮮の首都漢城《ハンソン》（現・ソウル）を陥落させたが、国王李昖《りえん》（宣祖《せんそ》）や王子たち（李珒《りしん》〈臨海《りんかい》君《くん》〉・李琿《りこん》〈光海君《こうかいくん》〉・李玒《りほ》〈順和君《じゅんなくん》〉など）は脱出して戦争指導の継続をはかった。

こうした戦況の大勢の中で、韓半島の南岸でも、日本軍は釜山《プサン》から西進して、巨済島《きょさい》などを占領し、全羅《ぜんら》道沿岸まで迫る勢いであった。侵攻の矢面に立たされた慶尚《けいしょう》道の朝鮮水軍が事態に即応できず、組織的な抵抗が微弱だったことも、日本側に有利に作用した。しかし、五月以降には、全羅道の朝鮮水軍が参戦して、一時的に釜山まで攻め寄せた。

朝鮮水軍による反攻の緒戦では、加藤清正（肥後国熊本）・蜂須賀家政（阿波国徳島）・亀《かめ》井《い》茲矩《これのり》（因幡《いなば》国鹿野《しかの》）の船団が巨済島以西の各地で敗退した。このうち、加藤・蜂須賀の両人は、当時陸上を転戦しており、配下の船団は別行動をとって、巨済島以西に進出していたことになる。もともと、渡海侵攻という戦争の形態から、日本側は多数の船舶を動員して、韓半島に渡航させていた。とくに西国沿海の諸大名は、自前の船団を用意しており、これらは主力の揚陸《ようりく》後に韓半島南岸の制圧作戦に参加したのである。

また、亀井茲矩の場合は、豊臣政権の承認を得て、琉球王国の征服のために以前から水軍を編成していたが、政権は薩摩島津氏を仲介者として、琉球を服属させる方針に転換した。そこで、豊臣政権は亀井氏の軍勢を水軍として韓半島に投入することで、水軍の補強にあてることにした模様である。

なお、緒戦の巨済島周辺における敗退については、戦闘に不向きな輸送船団が朝鮮水軍の襲撃にあって、脆弱《ぜいじゃく》性を露呈したと論じられる傾向にある。しかし、加藤清正・蜂須賀家

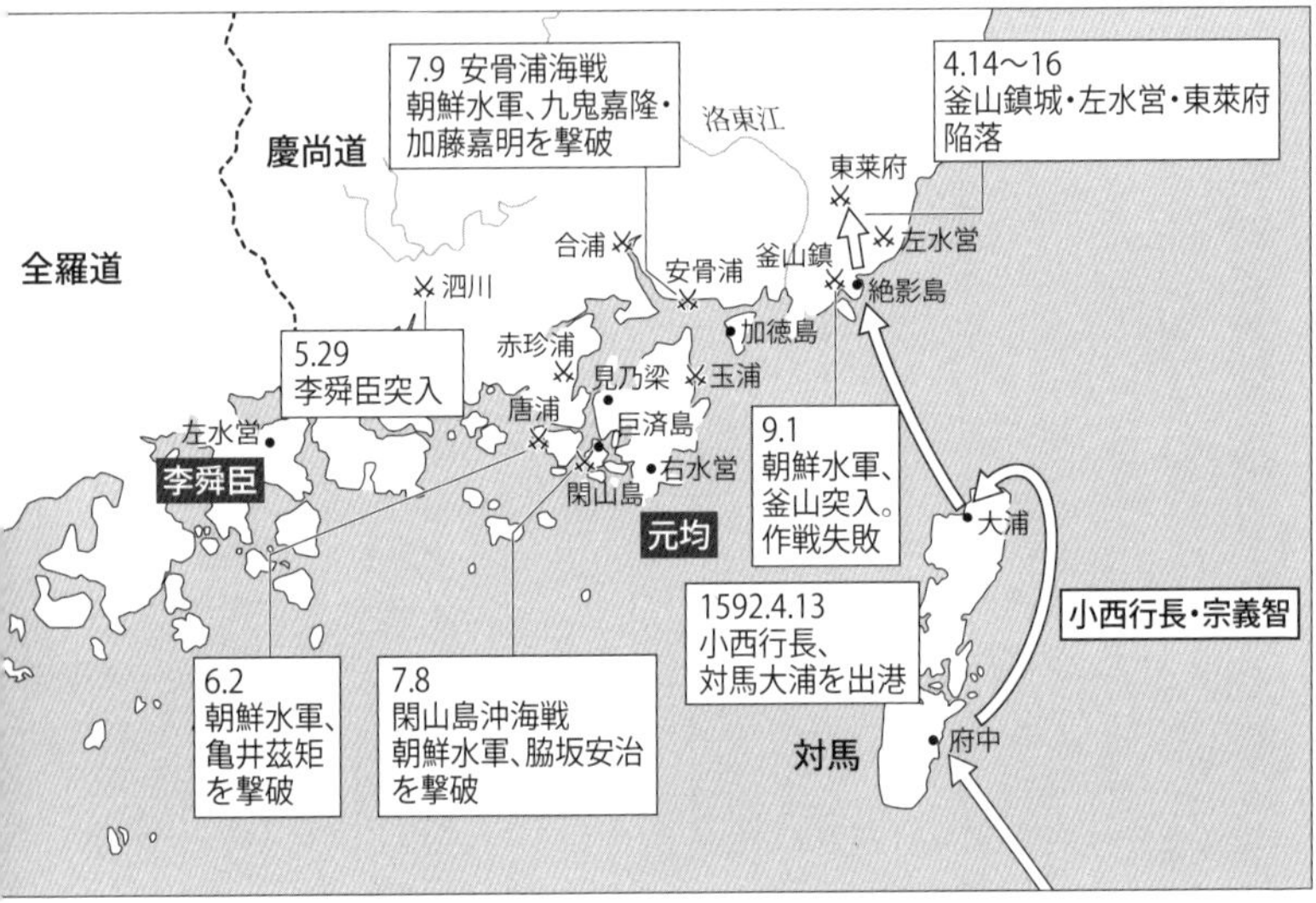

文禄元年（天正20年）における海上戦（中西豪「李舜臣の朝鮮海峡封鎖作戦」所載図を修正、加筆）

政の水軍は、肥後国・阿波国の海上勢力を編成したものであって、かならずしも戦闘に不向きであったとは言い難い。琉球征服のために編成された亀井茲矩の水軍も同様である。この後の展開をみても、国持大名の水軍は、その規模によって、水軍系の諸大名よりも戦果をあげている場面すらある。むしろ、日本水軍と朝鮮水軍の海上戦闘に関する力量差が緒戦から顕著にあらわれていたと理解すべきであろう。

それでも、開戦当初の段階で、本来の水軍専従の諸将（九鬼嘉隆・脇坂安治・加藤嘉明など）が対馬・壱岐《いき》から釜山への輸送支援にあたっていたように、豊臣政権が朝鮮水軍の反攻を予期

しておらず、海上戦力を集中的に運用せず、巨済島で加藤・蜂須賀・亀井などの水軍が各個撃破の憂き目にあったこともまた事実である。

豊臣政権は巨済島周辺の敗報をうけ、六月から九鬼嘉隆・脇坂安治・加藤嘉明を釜山西方に出動させて、朝鮮水軍の撃破を指示した。この三将は、七月八日・九日に朝鮮水軍と会敵《かいてき》したが、戦績は芳しいものではなかった。まず脇坂安治は巨済島西方の閑山島《かんさんとう》まで進出したところ、朝鮮水軍に捕捉・襲撃されて、大損害を蒙ることになった。さらに九鬼嘉隆・加藤嘉明も、慶尚道南岸の安骨浦《あんこつほ》で朝鮮水軍と交戦して、釜山方面へ後退を余儀なくされた。とくに閑山島の敗戦は、幸州山《こうしゅうさん》合戦（文禄の役）・稷山《しょくさん》合戦（慶長の役）と並ぶ抗日戦争の三大大捷《たいしょう》の一つとして、朝鮮史上で大筆特書《たいひつとくしょ》されている。

ただし、脇坂安治はこの後も海上で転戦しており、行動不能に陥るほどの損害は蒙っていない。朝鮮水軍の戦果を実態以上に過大視することは避けなければならない。

とはいえ、水軍専従の諸将が朝鮮水軍の排除に失敗して、局所的な大敗（閑山島沖海戦）すら喫したことは、日本の海上軍事力の実力不足を意味した。たしかに、諸大名は内乱の中で水軍運用の経験を重ね、豊臣政権は万規模の動員すら可能としたが、海外で他国の水軍を制圧するほどの水準には達していなかったのである。

羽柴秀吉も度重なる海戦の敗報に事態の深刻さを認識し、七月中に朝鮮水軍の反攻を抑制する対処策として、❶兵力の集中と、❷海上戦闘の回避を指示するようになった。

そもそも、朝鮮側は開戦段階で慶尚道の水軍をほぼ喪失しており、全羅道の水軍が管轄を越えて出動したものの、万全の状態ではなかった。それでも、日本側の水軍が散開して行動していたことから、個々の戦場で数的優位を確保して戦勝を重ねていた。

そこで、秀吉は水軍系の諸将に集結を命じつつ、さらに朝鮮水軍との積極的な交戦を控えるように戒めている。これは、各個撃破のリスクを低減したうえで、戦力を保全し続けることで、朝鮮水軍の活動を掣肘《せいちゅう》しようとする方針であった。

文禄の役の諸海戦②——朝鮮水軍への対抗策

天正二十年（一五九二）七月の段階で集結を命じられた日本水軍の諸将は、諸史料から判断すると、左記の通りである（「浅野家文書」「高山公実録」）。

九鬼嘉隆（志摩国鳥羽）　一〇〇〇人

脇坂安治（淡路国洲本）　一〇〇〇人
加藤嘉明（淡路国志知）　五〇〇人
藤堂高虎（紀伊国赤木）　一四〇〇人　＊大和羽柴氏
桑山一晴（紀伊国和歌山）　七〇〇人　＊大和羽柴氏
杉若氏宗（紀伊国田辺）　四三〇人　＊大和羽柴氏
堀内氏善（紀伊国新宮）　六〇〇人
菅達長（所領不詳）　一六〇人
村上通総（伊予国来島）　七〇〇人

（兵数は「浅野家文書」による）

閑山島・安骨浦で敗退した九鬼・脇坂・加藤に、大和羽柴氏の水軍（藤堂・桑山・杉若）や、豊臣政権に従属した海賊大名（堀内・菅・来島村上）を加えた構成だった。もっとも、総兵力は六〇〇〇人程度であって、小田原合戦で動員された兵力（二万人）には及ばない。水軍の運用能力を持ちつつも、陸上を転戦している大名（安芸毛利氏・土佐長宗我部氏など）も多く、十分な兵力を結集できなかった模様である。実際、来島村上氏も、忠清道《ちゆうせい》の攻略にあたっていた五番隊（四国の諸大名で構成）から抽出されている。

その一方で、兵力の約四割が大和羽柴氏の水軍で占められており、とくに藤堂高虎が諸将中の最大兵力を率いていることも注目される。紀伊半島の海上勢力は、大和羽柴氏の大名権力によって編成され、脇坂安治・加藤嘉明に統率される淡路衆と並び、羽柴氏が最も信頼を置いて運用する譜代水軍の基盤となっていたのである。

さて、結集したとはいえ、朝鮮水軍の反攻を押し返すには不十分な規模であり、羽柴秀吉も海上戦闘の回避を指示していたため、日本水軍は釜山周辺の防備に専念することになった。釜山・対馬の航路を確実に保全して、韓半島に展開する日本軍への連絡・補給に支障が生じる事態を防ごうとする措置であった。

こうした日本水軍の釜山堅持策は、朝鮮水軍の活動を退潮させる契機となった。朝鮮水軍は九月一日に釜山を強襲したが、今回は日本水軍の反撃を制圧できずに後退した。日本水軍は釜山浦内に碇泊《ていはく》しながら、湾岸に築かれた城砦《じようさい》と連携して、大小の火器（大砲・鉄砲など）を駆使し、朝鮮水軍の突入を退けたのである。朝鮮水軍の一連の戦勝に貢献したという亀甲《きつこう》船《せん》ですら、大鉄砲に撃ち抜かれ、船将が討死したほどだった。以後、朝鮮水軍の大規模な出動がしばらく途絶えたことは、損害の大きさを物語っている。

このように、日本水軍もただ一方的に敗戦を繰り返したわけではなく、朝鮮水軍に対処しうる戦術を構築していった。朝鮮水軍が消耗を回復させている間に、日本水軍は防衛の重点

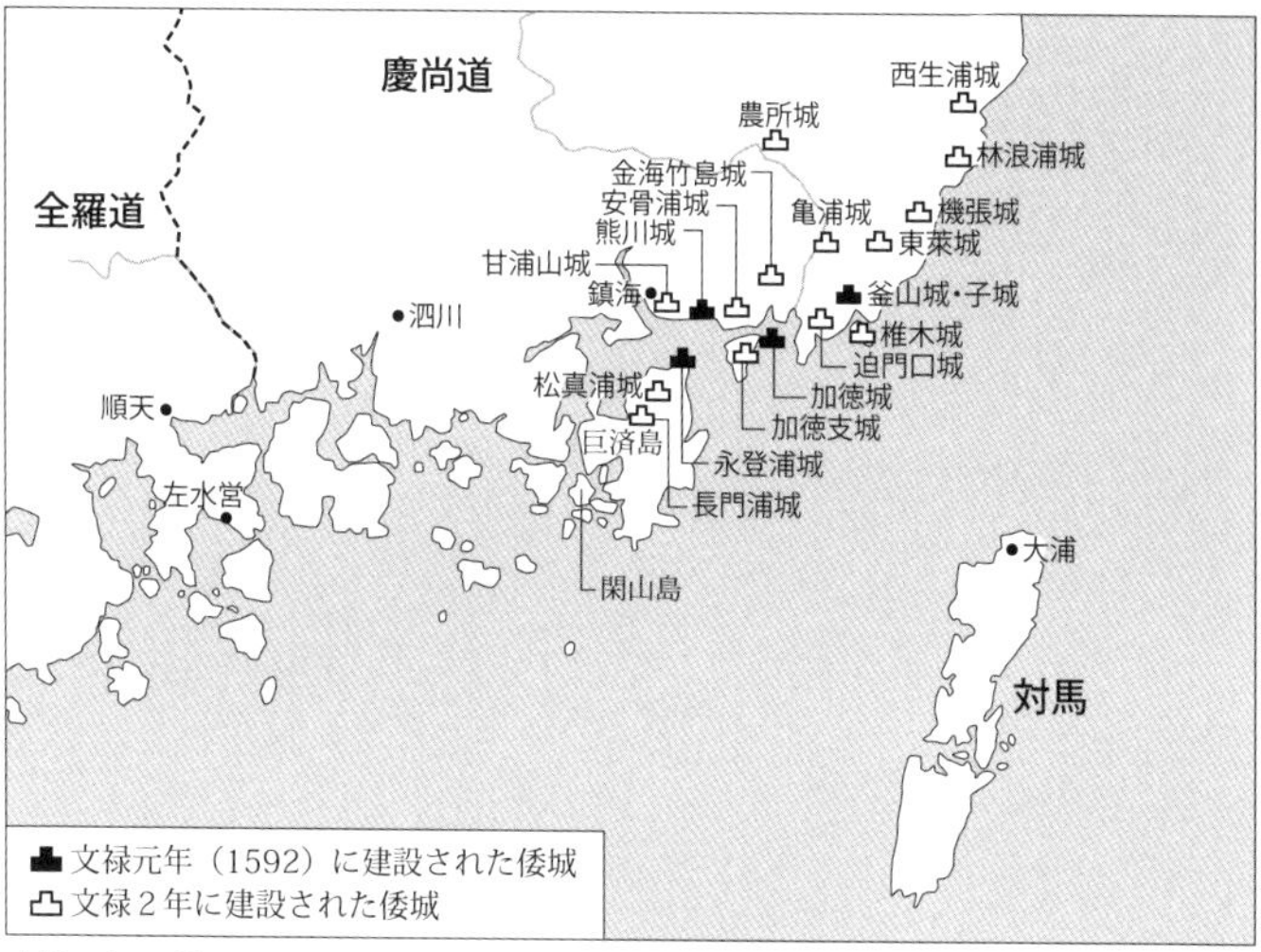

文禄の役で築かれた倭城（中西豪「李舜臣の朝鮮海峡封鎖作戦」所載図を修正、加筆）

を釜山よりも西方の熊川《ゆうせん》に移して、ここでも泊地近辺に城砦を築いて再戦に備えた。釜山海戦と同じく、陸上の陣地と共同で朝鮮水軍を迎え撃つ態勢だった。

実際、釜山海戦から五ヶ月後の文禄二年（一五九三）二月に、朝鮮水軍は軍事行動を再開し、熊川の日本水軍を数次にわたって攻撃したが、やはり海陸からの射撃に苦戦した。そして、数艘の船が浅瀬に乗り上げて拿捕《だほ》されるなど、損害を続出させて撤退することになった。日本水軍の側も、得居通幸（来島村上氏庶家）が討死しており、少なからぬ犠牲を払ったものの、釜山海戦に続き、朝鮮水軍の撃退に成功した海戦だった。

この後、日本側は沿岸の要所に城郭を築

ソウル市・光化門広場にある李舜臣銅像

き、大小の火力の掩護《えんご》下で水軍を行動させることで、朝鮮水軍の攻勢を阻《はば》むようになった。釜山・熊川の両海戦をうけ、朝鮮水軍への対抗策をほぼ確立させ、いったんは釜山周辺まで後退させた水軍の活動範囲を再度拡大させたのである。また、同年中頃から、戦線縮小に伴い、水軍を有する諸大名（安芸毛利氏・土佐長宗我部氏など）が陸上の戦線から慶尚道南岸の防備に振り向けられたことも有利に作用した。とくに五月には、薩摩島津氏や四国衆の軍勢が巨済島北部の永登浦《えいとうほ》・松真浦《しょうじん》・長門《ちょうもん》浦の在番に配備されたため、朝鮮水軍の釜山方面への出動は一層困難となった。

さらに熊川海戦の前後から、朝鮮水軍の内部で、李《り》舜臣《しゅんしん》（全羅道左水使）・元均《げんきん》（慶尚道右水使）の対立が顕在化してくる（『乱中《らんちゅう》日記』）。戦果を思うようにあげられなくなった状況は、以前から胚胎していた幹部間の対立を一層激しくしたのであろう。

もっとも、朝鮮水軍の活動は停止したわけではなく、閑山島を本営として、慶尚道南岸に展開する日本側拠点への攻撃を繰り返した。いずれも拠点の奪取・排除には至らなかったものの、釜山海戦・熊川海戦ほどの痛打は受けなくなった。日本水軍が陸上との連携策を打ち出したように、朝鮮水軍も間合いをとって行動することで、損害を抑制しながら、日本側に圧力をかけ続けたのである。

水軍編成の変革

日本水軍は兵力を集中し、泊地城砦と連携することで、朝鮮水軍の優位を稀釈《きしやく》化していき、文禄二年（一五九三）二月の熊川海戦では、敵失（突出して座礁）に乗じて、二艘の大船を拿捕する戦果すらあげた（『乱中日記』）。もっとも、乗っ取りに際しては、戦果をめぐる紛争も生じており、寄り合い所帯に特有の統制不全も露呈している。

そこで、羽柴秀吉は熊川海戦の戦果認定について、水軍諸将の調停をおこなったうえで、今後は九鬼嘉隆・藤堂高虎の両人に権限を集約させる方針を示している（「菅文書」「大西家文書」）。九鬼嘉隆は水軍専従大名の代表、藤堂高虎は大和羽柴氏に所属する水軍の代表という立場から、ある程度統一的な指揮権を委ねられたのであろう。また、一門大名である大和羽柴氏（当主秀保《ひでやす》は関白秀次の実弟）の水軍を、九鬼嘉隆の指揮下に置くわけにはいかない、

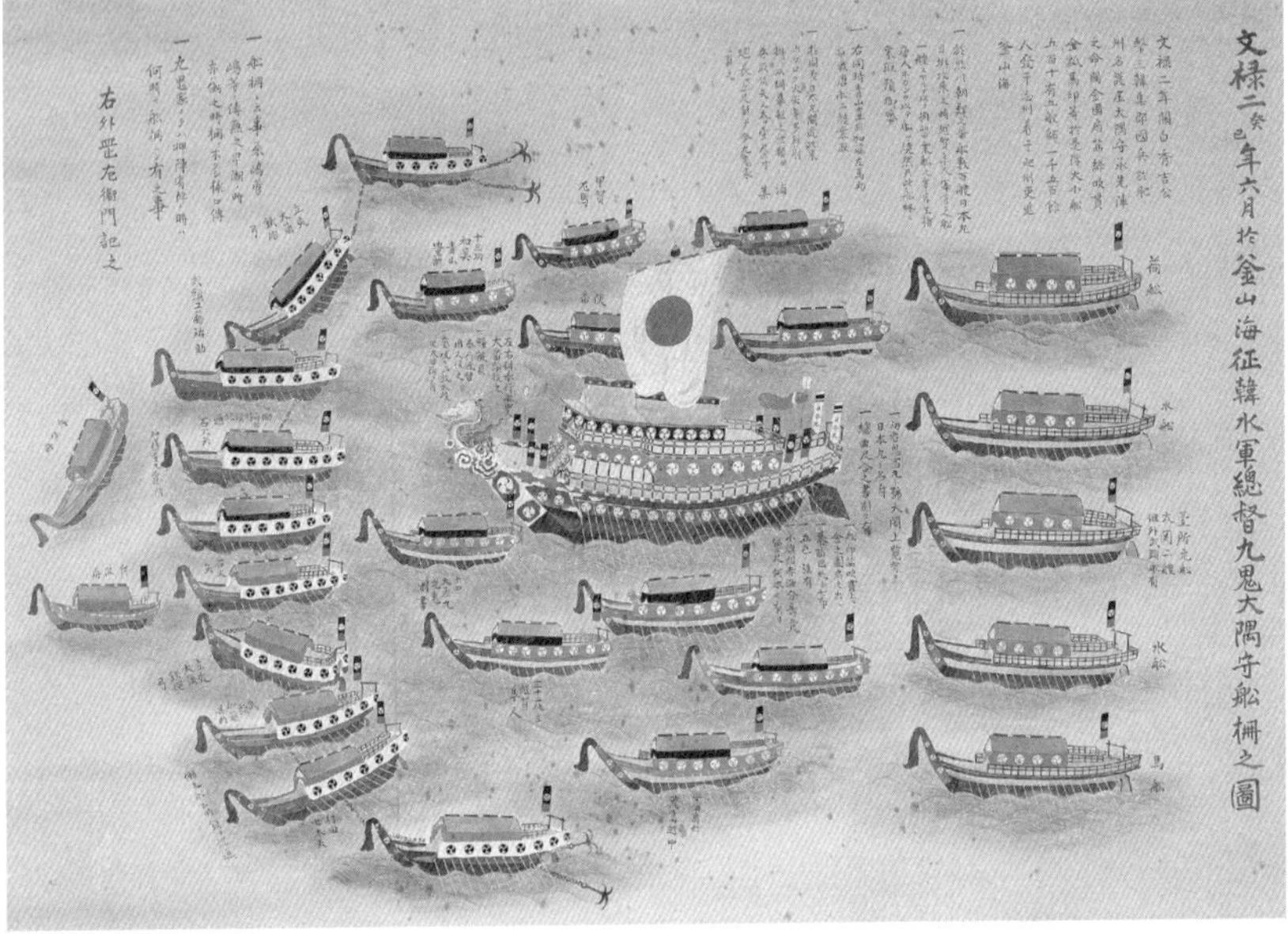

「九鬼大隅守船柵之図」に描かれた日本水軍。中央が日本丸（大阪城天守閣蔵）

という政治的な配慮が働いていた可能性もある。

さらに羽柴秀吉は、天正二十年（一五九二）七月に水軍諸将に集結を指示した段階で、大型船舶の増産と大型火器の積載も指示している（「高山公実録」所収文書）。相次ぐ敗報から、朝鮮水軍が船体の大きい板屋船に積載した大小の火器を駆使して、日本水軍を圧倒している状況を読み取り、同様の大型船舶を増やし、火力の質量をより充実させることで、海上戦闘での不利を解決しようとしたのである。

この水軍増強策が実行され、前

線に成果が届くには、相応の時間を要するため、日本水軍は現有の船舶・火器で朝鮮水軍と対戦せざるをえなかった。それでも、❶安骨浦海戦（七月）にて、九鬼嘉隆座乗の安宅船である日本丸《にほんまる》が朝鮮水軍の攻撃で損傷しつつも、戦闘を継続して、自軍の後退を容易にしたこと、❷釜山海戦（九月）では、日本水軍の大鉄砲が朝鮮水軍の亀甲船に打撃を与えたことは、秀吉の指示の適切さを示していた。日本水軍の船舶（安宅船）・火器（大鉄砲）の性能は、朝鮮側に比較して、極端に劣っていたわけではなく、運用や配備数によっては、朝鮮水軍と渡り合える水準だった。

また、豊臣政権も日本丸の奮闘に着目し、天正二十年十月には、九鬼嘉隆から提供された絵図を参考として、日本丸に準拠した安宅船を量産する方針を定めた。もともと、安宅船は船体の大きさによって、火器の攻撃に堪えうる堅牢《けんろう》さを備え、大型火器を積載・運用するプラットフォームとしても機能していた。日本丸はその安宅船の利点をより洗練させたものであって、豊臣政権は日本丸と同様の安宅船を多数建造することで、朝鮮水軍の板屋船に攻守ともに対抗できる戦力を揃えようとしたのであろう。

この日本丸型安宅船の量産について注目されるのは、韓半島に出動した西国の諸大名だけではなく、国内の諸大名も建造を割り当てられたことである。つまり、韓半島に軍勢を派遣していない諸大名は、安宅船の建造を通じて、戦争協力を求められたのである。そのうえで、豊臣政権は建造された安宅船を韓半島に廻航し、慶尚道南岸で朝鮮水軍と対峙する日本水軍に配備して、その陣容を充実させていった。

なお、韓半島に渡海しなかった諸大名も、戦況次第では、豊臣政権から出動を下達される可能性があり、水軍編成の拡充を課題とするようになった。

たとえば、徳川氏の場合、家康の名護屋在陣にあたり、旧武田氏海賊衆の小浜氏・向井氏・間宮氏、知多海賊の千賀氏などが随従していたが、やがて関東に残留させていた形原《かたのはら》松平氏も、水軍として名護屋に召集している。当初は、韓半島に出動したとしても、東海地域で従属させてきた海賊たちで事足りると認識していたが、戦地の情報（朝鮮水軍の反攻）に接して、増強の必要を感じた模様である。形原松平氏はもともと三河国沿岸の一隅を支配領域とする国衆であって、徳川氏の関東移封後も、上総国五井《ごい》（関東内湾沿岸）で所領を与えられていた。海上軍事活動を存立の主要基盤にするという意味での海賊ではなかったものの、海上軍役の要求に応えうる能力を潜在的に備えており、名護屋参陣を求められたことになる。

また、同時期に徳川氏の水軍に参加した幡豆《はず》小笠原氏も、やはり三河国沿岸の寺部《てらべ》から、上総国沿岸の富津に所領を移された国衆だった。対外戦争という状況によって、海上軍役の適用範囲が広げられたのである。

なお、豊臣政権の安宅船建造命令は、徳川氏も対象としており、高力清長《こうりききよなが》が総奉行に起用され、普請を指揮している。清長当人は、遠江馬伏塚《まむしづか》城（袋井市）や武蔵岩付《いわつき》城（さいたま市）の城主をつとめた岡崎譜代であって、海上軍事に関する先祖伝来の知識・技量を欠いていたものの、海賊の小浜政精《まさきよ》などが補佐に付けられ、清長は普請全体の監督にあたった模様である。さらに関東の徳川氏領国では、名護屋に在陣していない大身《たいしん》家臣から、新造船の装甲に用いる鉄板の徴集（一万石につき一五〇枚）がおこなわれた（『家忠日記』）。従来のように、海上軍事の運用能力を持つ氏族（海辺国衆・海賊など）に海上の軍役をつとめさせるだけではなく、安宅船の建造に関する負担を家中全体にある程度、均分したのである。

また、高力清長のもとで、小浜政精が造船の実務を担ったように、家中全体で造船を実施するにあたり、海賊の専門的な技量が活用されている。徳川氏傘下の海賊は、いずれも単独で大型の安宅船を建造するほどの基盤（所領など）を欠いていたが、大名権力との結合は、従来よりも大規模な海上活動を可能としたことになる。

さらに同じく海賊衆の向井政綱・千賀重親も、名護屋在陣中の文禄二年正月に、徳川氏直轄領の伊豆国西浦《にしうら》から、漕《こ》ぎ手の徴発をおこなっている（「千賀家譜」所収文書）。徳川氏は韓半島への渡海に備えて、より多数の漕ぎ手を確保しておく必要を感じ、直轄領に軍事動員をかける権限を海賊に付与したのである。関東から名護屋に出頭した漕ぎ手を海賊に統率させることを前提とした措置だろう。

結局、徳川氏は韓半島に出動しなかったものの、領国・家中が総体で海上軍事力を編成して、海賊に実務を委ねる体制は一過性の試みに終わらず、むしろ常態化していった。とくに十七世紀以降、徳川将軍家は向井氏・小浜氏などを船手頭に任用し、海上直轄軍の運用にあたらせている。もともと、海賊が大名・国衆の権力と結合することで、自己の身上《しんしょう》を越えた規模の海上軍事を手掛ける事象は相応に存在した（長宗我部氏と池氏の関係など）。徳川氏においては、この海賊の軍事官僚化が朝鮮出兵を契機に進行したのである。

こうした朝鮮出兵を発端とする海上軍事の改革は、徳川氏に限らず、各大名家で同時多発的に進行した。その結果、各大名の水軍は規模を肥大化させ、慶長の役では、海賊大名の水軍よりも戦果をあげる展開すらみせるようになった。

慶長の役の諸海戦①——存在感の薄い海賊たち

朝鮮出兵は、文禄二年（一五九三）中頃から日本・明の講和交渉が本格化して、実質的な休戦期間に入った。当該時期においても、朝鮮水軍は閑山島に本営を据え、幾度か慶尚道沿岸の日本側拠点を襲撃したが、目立った戦果はあげていない。また、日本水軍の応戦も、前述したように、正面戦闘を避けて、沿岸城郭の掩護下に行動を限定するなど、慎重な行動に

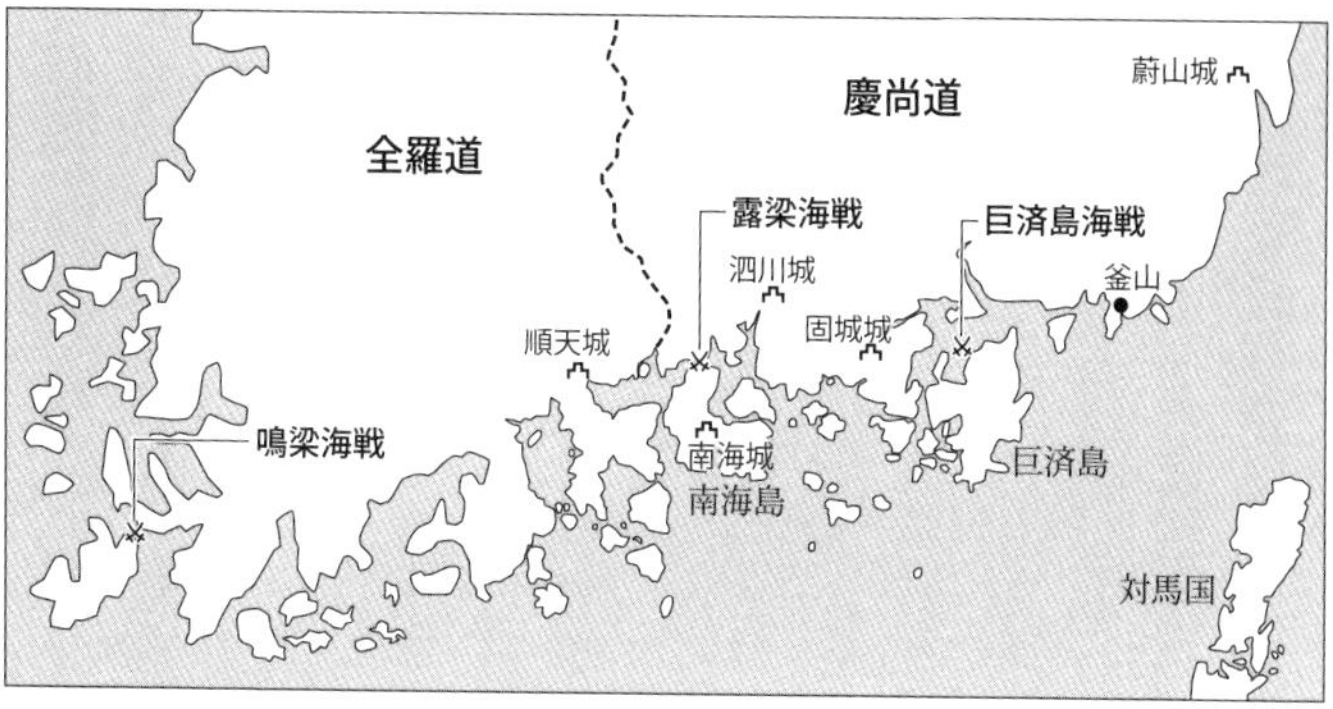

慶長の役戦況図

徹しており、個々の部隊が顕著な働きをみせるような場面は少なかった。

海上の戦況が大きく動くのは、講和交渉の破綻（朝鮮が日本への謝罪・謝恩を不履行）をうけて、豊臣政権が朝鮮への武力制裁に乗り出す慶長二年（一五九七）以降である。

この慶長の役序盤において、日本水軍は不用意に釜山周辺まで攻勢に出撃してきた朝鮮水軍の後退を追跡し、七月十五日に巨済島北端と漆川島《しっせんとう》の海峡で捕捉して、壊滅的な打撃を与えた（巨済島海戦あるいは漆川梁海戦）。とくに朝鮮水軍の人的被害を戦役終盤まで回復できないほど甚だしくしたのは、日本水軍の襲撃で巨済島の陸地に追い上げられたところ、布陣していた薩摩島津氏の軍勢に攻撃されたことだった。釜山海戦・熊川海戦から続く、海陸共同で朝鮮水軍を邀撃する戦術が攻撃的に応用された展開であった。

なお、日本水軍があげた戦果は、焼捨《やきすて》一三〇艘・鹵獲三四艘に及び、とくに鹵獲については、詳細な注進状（「洲河文書」）が存在する。

藤堂高虎（伊予国板島・羽柴氏取立）　六艘
脇坂安治（淡路国洲本・羽柴氏取立）　五艘
小西行長（肥後国宇土・羽柴氏取立）　三艘
加藤嘉明（伊予国松前・羽柴氏取立）　三艘
相良長毎《ながつね》（肥後国人吉《ひとよし》・旧戦国領主）　三艘
宗義智（対馬国府中・旧戦国領主）　二艘
有馬《ありま》晴信《はるのぶ》（肥前国日野江《ひのえ》・旧戦国領主）　二艘
毛利吉成《よしなり》（豊前国小倉《さくら》・羽柴氏取立）　一艘
島津忠豊《ただとよ》（日向国佐土原《さどはら》・旧戦国領主）　一艘
福原長堯《ふくはらながたか》（豊後国府中・羽柴氏取立）　一艘
高橋元種《たかはしもとたね》（日向国延岡《のべおか》・旧戦国領主）　一艘
秋月種長《あきづきたねなが》（日向国高鍋《たかなべ》・旧戦国領主）　一艘
松浦鎮信《まつらしげのぶ》（肥前国平戸《ひらど》・旧戦国領主）　一艘

右は、注進状の記載を整理して、各大名が鹵獲した隻数をまとめたものである。

これによると、藤堂高虎と脇坂安治がとくに戦果をあげており、両人に次いで、小西行長・加藤嘉明・相良長毎の鹵獲数（各三艘）が並んでいる。相良長毎を除くと、いずれも豊臣政権が取り立てた水軍大名であった。とくに小西行長（豊臣政権が創出した最初の水軍指揮官）は、文禄の役では陸上の先鋒をつとめ、ほとんど海上の戦闘に関わらなかったが、慶長の役ではまず朝鮮水軍の撃滅に参加したことになる。また、脇坂安治は文禄の役序盤の閑山島海戦で大敗を喫しつつも、以後も朝鮮水軍との戦闘を重ねる中で、水軍運用の技量を向上させていき、ついに雪辱を果たしたのである。

また、九州の旧戦国領主や、羽柴氏の取立大名も戦闘に参加しており、相良氏は三艘、宗氏・有馬氏は各二艘を鹵獲している。戦国期から編成していた水軍を対外戦争に適応させる形で拡充して、相応の効果をあらわしたものとみられる。

その一方で、九鬼嘉隆・堀内氏善・菅達長・村上通総など、海賊大名の戦果は記載されていない。そもそも、巨済島海戦に限らず、慶長の役を通じて、海賊大名の活動は目立たない。豊臣政権が指示した安宅船・大型火器の充実が進行するとともに、非海賊大名が編成する水軍の水準は向上していき、海賊大名の存在感は埋没したのだろう。

まだ戦闘が本格化していなかった慶長二年二月の段階で、羽柴秀吉は水軍の行動について、藤堂高虎・加藤嘉明・脇坂安治に指揮権を集中するように指示している。文禄の役では、中途から九鬼嘉隆・藤堂高虎に指揮権を集めたが、慶長の役では、九鬼嘉隆は前線から外され、代わって加藤嘉明・脇坂安治が引き立てられている。

豊臣政権は文禄四年に藤堂高虎・加藤嘉明を伊予国に転封して（藤堂―板島、加藤―松前）、伊予国の海上勢力を水軍として動員する体制を整備していた。こうして水軍の編成能力を向上させた藤堂高虎・加藤嘉明と、淡路国にとどまった脇坂安治が水軍運用の中心に位置づけられたことになる。そして、巨済島海戦においては、藤堂・加藤・脇坂の三将が率いる伊予・淡路両国の海上勢力を主力としつつ、九州大名の水軍も参加した陣容で、朝鮮水軍を壊滅させたのである。もっとも、戦功判定をめぐる藤堂高虎・加藤嘉明の争論なども伝承されており、大名連合による編成に特有の内部抗争を抱えつつ、軍事行動を展開していたのが実態であろう。

また、巨済島海戦の戦勝は、無理に日本側勢力圏に突出した朝鮮水軍の敵失によるところも大きかった。当時失脚していた李舜臣が復権して、朝鮮水軍の残存兵力を掌握すると、九月十八日の鳴梁《めいりょう》海戦で、日本水軍は苦戦して、少なからぬ損害を出した。

この戦闘で、日本水軍は強風・急潮のために安宅船を使用できず、中型軍船の関船を主力として進軍したところ、適切な指揮を受けた朝鮮水軍に圧倒された（「毛利高棟文書」「藤堂家覚書」）。防御力・積載量に優れる一方で、機動性の低い安宅船の難点が露呈した展開だった。釜山海戦以降の陸上城砦と連携して朝鮮水軍を迎え撃つ戦術において、安宅船の鈍重さは問題とならなかった。しかし、より積極的に敵対勢力圏に侵入して、海上戦闘をおこなう場合、安宅船を中心とする編成は適切ではなかったのである。

さらに鳴梁海戦では、来島村上通総が討死したことにも注目すべきである。すでに来島村上氏は、前役の熊川海戦で得居通幸（通総庶兄）が死亡しており、今回は当主を失ったことになる。文禄・慶長の両役を通じて、水軍として従軍した諸大名のうち、これほどの犠牲を出したのは、来島村上氏のみであった。こうした来島村上氏の損害は、同氏が対外戦争という状況に適応できていなかったことを示唆している。来島村上氏が高い自立性を有したとしても、その動員力の規模（小田原合戦で五〇〇人、文禄の役で七〇〇人）では、船体・火器の大型化などを実行し、運用に習熟するのは困難だったのかもしれない。

また、次節で述べるように、得居通幸が討死した熊川海戦と同じく、日本水軍は鳴梁海戦で所期の戦略目標をおおむね達成している。水軍運用が大規模化していく趨勢の中で、来島村上氏は大勢に影響を及ぼすような存在感を失っていたと理解すべきである。

慶長の役の諸海戦②——大規模化する海上軍事

日本水軍は鳴梁海戦で苦戦したものの、敗走したわけではなく、最終的に後退したのは朝鮮水軍であった。巨済島海戦で大敗した結果、朝鮮水軍が鳴梁海戦に投入できた兵力は板屋船十余艘にとどまった。そのため、安宅船を欠くとしても、一三〇艘もの兵力を有する日本水軍の数的優位に抗しきれなかったのである。

もともと、日本水軍の目的は、全羅道の制圧作戦の一環として、同地域における朝鮮水軍の拠点を掃討することにあった。そして、朝鮮水軍は全羅道南西岸の鳴梁で日本水軍に痛撃（村上通総の戦死）を与えつつも、圧倒的な物量差を覆《くつがえ》すには至らず、北方に退却せざるをえなかった。これにより、慶尚道・全羅道の南部沿岸は、ほぼ日本側の制圧下に置かれることになった。文禄の役で、日本水軍は朝鮮水軍への対処法を見出した後も、釜山や巨済島の周辺を確保するにとどまったが、慶長の役では、遙かに広大な地域を制圧したのである。対外戦争に応じた水軍編成の変革が相応の成果を収めたといえよう。

ただし、慶長の役における豊臣政権の戦略は、中国大陸や韓半島の征服ではなく、韓半島南部（慶尚道・全羅道）を制圧しつつ、朝鮮から譲歩（日本への謝罪）を引き出すことにあった。そのため、日本軍はやがて戦線を整理し、蔚山《うつさん》城・泗川《しせん》城・順天《じゅんてん》城を中心とする持久態勢に移行して、明・朝鮮連合軍との攻防を繰り返した。

日本側の主要拠点のうち、西端の順天城は、光陽《こうよう》湾に突き出た半島の奥に築かれており、水軍を収容しつつ、陸上からの攻勢にも対応しうる構造であった。在番に配置されたのも、小西行長や日野江有馬氏・平戸松浦氏など、巨済島海戦での朝鮮水軍の殲滅にも参加した諸大名からなる、陸海両用部隊としての性格が強い軍勢だった。

実際、慶長三年（一五九八）九月以降、明《みん》・朝鮮の連合軍は、陸海から順天城を攻囲したものの、小西行長らはよく堅守している。海上からの攻撃では、城側の射撃によって、明水軍・朝鮮水軍に死傷者が続出し、明水軍が浅瀬で干満を見誤り、一挙に四〇隻以上の軍船を座礁で喪失する場面すらあった。座礁による損失は、朝鮮水軍も熊川海戦で経験しているが、明水軍は地勢の不案内によって、一層深刻な損害を出した模様である。陸上城砦と連携して敵水軍を迎撃する戦術が依然として有効性を失っていなかった状況もみえてくる。

戦役最後の大規模戦闘となった露梁海戦（十一月十七日・十八日）も、順天城をめぐる攻防の中で生起したものであった。羽柴秀吉が同年（慶長三年）八月に死去すると、豊臣政権は戦争目的（朝鮮の謝罪）の達成を断念し、十月には韓半島の外征軍に撤収命令が届いた。しかし、順天城からの撤退は、明・朝鮮連合水軍の阻止行動によって遅延した。そこで、泗川城などに在番していた諸大名の水軍が撤退支援のために西進したところ、明・朝鮮水軍もこれを察知して、露梁津（韓半島と南海島の海峡）の西側出口で迎撃したのである。

この海戦で日本軍は明・朝鮮水軍を突破できず、露梁津から後退したが、連合水軍も鄧子竜（明）・李舜臣（朝鮮）などが戦死しており、人的被害は日本側よりも大きかった観すらある。また、明・朝鮮水軍が露梁津に出戦した隙に、小西行長らの船団は、順天城を放棄して、釜山方面へと撤退していった。露梁海戦の日本軍は、明・朝鮮水軍と互角以上に渡り合いつつ、所期の目標（順天城の撤退支援）を達成したことになる。

なお、露梁海戦の日本軍は、薩摩島津氏（泗川城在番）をはじめ、対馬宗氏（南海《なんかい》城在番）・久留米《くるめ》小早川氏（固城《コソン》城在番）・柳川立花《やながわたちばな》氏（同）など、九州の諸大名で構成されており、水軍大名・海賊大名は参加していない。しかし、島津氏・宗氏が巨済島海戦で戦果をあげたように、水軍専従ではないことは、けっして水上戦闘における無力を意味しなかった。さらにこれらの諸勢は、釜山方面に海路撤退すべく、全兵員（当時の石高や軍役規定からみて、一万数千人にのぼる）を輸送する船団の準備を進めていた。そのすべてが露梁津に向かったわけではないしても、相当数の船舶・兵力が戦闘に参加したはずで、順天城攻囲戦での消耗も相俟って、明・朝鮮水軍を苦戦させた一因とみられる。

明の『両朝平攘録』（『明史』の朝鮮出兵関連記事の出典）によると、露梁海戦で戦死した鄧子竜・李舜臣の兵力は、それぞれ一〇〇〇人程度であり、いずれも戦闘前半に討死したという。連合水軍は鄧子竜・李舜臣の部隊を前衛に配置したところ、両部隊とも、予想外に多数の日本側船団の数的圧力に大損害を蒙ったのであろう。とくに朝鮮水軍の場合、本来は万規模の兵力を運用してきたが、巨済島海戦の打撃を満足に回復できておらず、大幅に低下した兵力で軍事行動を継続し、李舜臣を失うことになったのである。

その一方で、島津氏家臣の覚書によると、島津忠恒《ただつね》（後の家久《いえひさ》）などは露梁津に向かわずに待機していたところ、会敵を知って戦場に急行し、父義弘《よしひろ》が指揮する本隊を救援したとされる（「伊東壱岐入道覚書」）。日本側諸勢も、明・朝鮮水軍との戦闘を予期しておらず、後方に残してきた兵力に助けられ、戦場を離脱していった模様である。

文禄・慶長の両役を通じて、露梁海戦は両陣営がそれぞれ一万人近い兵力を投入し、正面から衝突したほぼ唯一の戦闘だった。しかし、その展開は両陣営にとって予想外のものであり、戦力の逐次投入という悪手を犯したのが実態だろう。国際戦争の中で、水軍運用の規模が肥大化し、指揮官たちも十分に対応できていない状況が窺える。

それでも、日本側が水軍大名・海賊大名を欠く状態で戦闘に臨みながら、明・朝鮮水軍の攻撃に堪え、少なからぬ打撃（鄧子竜・李舜臣の討死）を与えつつ、ともかくも戦場から離脱したことは、以後の水軍運用の歴史を考えると示唆《しさ》的である。

豊臣政権は国内の平定戦を進める中で、小西行長・脇坂安治・加藤嘉明・藤堂高虎など、譜代の家臣を沿海地域の大名に取り立て、各地域の海上兵力を動員させる体制を整備していった。また、志摩九鬼氏・新宮堀内氏・来島村上氏などの海賊を従属させ、譜代の水軍大名とともに、有事の海上軍事に参加させてきた。

文禄の役では、こうした水軍専従の諸大名が朝鮮水軍と交戦したが、一時は釜山（韓半島侵攻の策源地《さくげんち》）まで攻め込まれ、対処戦術（陸上城砦との連携）を打ち出した後も、巨済島周辺を確保するにとどまった。また、その持久態勢も、縮小された陸上の戦線から転出してきた諸大名の水軍と共同で展開したものであった。

慶長の役では、序盤の巨済島海戦で朝鮮水軍を壊滅させたものの、やはり非水軍専従の大名との共同作戦であった。さらに鳴梁海戦においては、全羅道南部沿岸の制圧という目標こそ達成したが、戦力を減耗《げんもう》させていた朝鮮水軍に痛撃された。

このように、両役を通じて、水軍大名・海賊大名の戦績は振るわない。とくに来島村上氏は当主兄弟（通総・通幸）が戦死するほどに苦戦した。海賊大名が高い技量をみせた事例は、九鬼嘉隆が安骨浦海戦で朝鮮水軍に圧倒されながら、防御力の高い日本丸を殿《しんがり》として運用し、損害を限定させたことくらいだろう。豊臣政権も安骨浦海戦を戦訓として、日本丸と同様の安宅船を増産する方針を打ち出したが、その進捗の結果、かえって九鬼氏の存在感は埋没したのか、慶長の役では動員されなかった。

総じて、朝鮮出兵の海上戦闘は、従来のように、一部の水軍大名・海賊大名に海上軍役を履行させる方式の限界を露呈させせたといえる。水軍大名・海賊大名が単独で動員しうる兵力は、数百人から多くても二〇〇〇人にとどまり、集団行動をとらせたとしても、泊地に張りつき、陸上城砦と連携することで、朝鮮水軍に対抗できる程度の水準だった。

むしろ、海上軍役を水軍大名・海賊大名に限定せず、広く諸大名に水軍を編成させる方式こそ、海上軍事の大型化に適していることが明らかとなったといえよう。国持級の大名の軍勢を水軍として行動させることは、小田原合戦での土佐長宗我部氏の前例があった。さらに露梁海戦で、島津氏などが鄧子竜・李舜臣を戦死せしめたように、非水軍専従の大名でも、数さえ揃えれば、それなりの水準に達しえることが明らかとなった。

こうした状況は、統一政権の海上軍事が水軍専従の大名への依存度を低下させたことも意味していた。十七世紀以降、海賊からの大名の取り立てや、水軍活動を前提とした大名の取り立てがおこなわれなくなる前提でもあるだろう。次章で述べる九鬼氏・来島村上氏の顚末も、海上軍事の大規模化を背景にしていると理解すべきである。

このような動向は、同時代のヨーロッパでも生じていた。たとえば、イングランドのフランシス・ドレイクは、スペイン植民地での海賊活動で名を馳せ、アルマダ（無敵艦隊）によるブリテン島侵攻の撃退に寄与しながら、スペイン海軍の増強に伴い、戦果をあげられなくなり、カリブ海で進退窮まる中で病死することになった。世界史のうえでも、自立的な海賊の技量に依存して、海上軍事を展開する時代は終わりつつあったのである。

朝鮮水軍と明水軍

文禄・慶長の役を通じて、日本水軍は朝鮮水軍を主要な敵手とした。

もともと、朝鮮（李朝）は、倭寇（東シナ海で活動した不法海上勢力）の邀撃を遂行する中で成立した王朝であり、各道の沿海に水軍を配備していた。このうち、日本水軍が対戦したのは、慶尚道・全羅道の水軍だった。両道の水軍は、左道（東）・右道（西）の軍区に分かれ、それぞれ節度使（左水使・右水使）を司令官としていた。

文禄の役が始まり、日本軍が韓半島に上陸した段階で、慶尚道では左水使として朴泓《ぱくこう》、右水使として元均、全羅道においては、左水使として李舜臣、右水使として李億祺《りおくき》が在任していた。この中では、李舜臣がよく知られており、元均・李億祺（朴泓は緒戦で逃走）と共同で、戦争前期の海上優勢（釜山海戦または熊川海戦まで）を確保した。

李舜臣はジュシェン（女真）との紛争で戦歴を重ね、宣祖二十四年（一五九一）から全羅道の左水使に就任したが、水軍勤務は初めての経験であった。こうした経歴は、日本水軍の加藤嘉明・脇坂安治と共通する。朝鮮の場合、軍隊編成のあり方が日本（封建領主の連合軍）と異なり、中央政府による直営方式が相応に整備されており、水軍の高級指揮官が海上軍事の専門家や海辺地域の領主である必要はなかった。李舜臣の着任は、日本軍侵攻の数ヶ月前であり、短期間で指揮下の艦船を整備し、幕僚・兵員との信頼関係を形成することで、朝鮮水軍のポテンシャルを十全に引き出しえたのである。

朝鮮水軍の艦船については、亀甲船がよく知られているが、その実態は不分明である。むしろ、朝鮮水軍の主力は板屋船であった。板屋船の名称は、船体の上部に板屋と櫓を設置したことに由来する。同様の形式の船舶は、日本では「楼船」と呼称されていた。いずれも、大型の船体に多数の火器を搭載したうえで、櫓を指揮所として高所から周囲を見渡し、より有効に火器を運用しようとしたのである。

ただし、朝鮮水軍が明確に優勢に立っていた時期は、文禄の役前半に限定される。本章で確認したように、文禄の役中盤から、日本水軍は沿岸の城郭と連携して、釜山（侵攻の策源地）などの慶尚左道沿岸の拠点を朝鮮水軍の襲来から防衛する戦略を採っていたが、朝鮮水軍は陸上部隊の支援を得られず、慶尚左道沿岸に進入することが困難となったのである。そもそも、朝鮮水軍は各道に来襲する倭寇の邀撃を任務として編成されており、釜山を長駆《ちょうく》直撃するような渡航能力を欠いていた。そのため、日本軍は対馬・釜山の海上輸送を確保して、韓半島における軍事行動や駐留を数年間維持することができた。

また、慶長の役では、緒戦の巨済島海戦で、朝鮮水軍は壊滅的な打撃を蒙り、海戦前に失脚していた李舜臣が復帰して、残余の水軍を掌握し、実戦能力を回復したものの、全羅道の海上防衛すら覚束《おぼつか》ない状況に陥った。こうした状況から、明の水軍が韓半島に出動して、朝鮮水軍と共同しつつ、全羅道で日本水軍と対峙することになった。

初期の明は、朱棣《しゆてい》（永楽帝）の代に鄭和《ていわ》を起用し、一大艦隊を編成して、東南アジアやインド洋に遠征させたように、ユーラシア大陸でも最大規模の水軍大国だった。朱棣・鄭和の没後、明は南洋遠征の事業を停止したが、これは水軍の解体を意味するものではない。「北《ほく》虜南倭《りよなんわ》」という言葉があるように、明は倭寇の抑制を建国以来の重要課題として、水軍を整備していた。十六世紀後半に倭寇の活動が低調となったのは、明が朝貢体制の枠内に海外貿易を限定する路線（海禁）を緩和して、不法活動の必要性が減じたことに加えて、兪大猷《ゆたいゆう》・戚継光《せきけいこう》などによる掃討戦が相応の成果を収めた結果であった。

また、一五七四年には、ルソン島（現在のフィリピン最大の島）に渡航した有力倭寇の林鳳《りんぽう》を捕捉すべく、王望高《おうぼうこう》を指揮官とする部隊がルソン島に派遣されている。十六世紀後半の段階で、かつての鄭和艦隊の航海技術がある程度維持されていたことは注目される。朝鮮水軍

（および李舜臣）と比較して、明水軍の評価は高くないが、本来は相応のポテンシャルを有したのである。

慶長の役における明水軍は、総兵（司令）の陳璘《ちんりん》と、副総兵の鄧子竜のもとに、季金《ききん》・張良相《ちょうりょうそう》などの諸将が連合する構成であった。当時の明の軍制は、個々の将軍に家丁《かてい》（私兵）を中核とする部隊を運営させて、内乱・外征に対応する方式が採られていた。

陳璘と鄧子竜は、いずれも『明史』に列伝されており、広東などの反乱鎮圧で戦歴を重ねて立身した経歴の持主だった（『明史』陳璘伝・鄧子竜伝）。広東は倭寇の活動が猖獗《しょうけつ》をきわめた地域であり、陳璘・鄧子竜の両人とも、倭寇に連動した動乱の中で台頭したとみられる。とくに陳璘については、日本の情勢に通じているという理由で、朝鮮救援軍に参加することになったとされる。

ただし、陳璘・鄧子竜は、水軍専従の立場にあったわけではなく、むしろ内陸部で転戦した陸将であり（鄧子竜は雲南《うんなん》でタウングー朝〈現・ミャンマー〉と対戦）、日本軍の韓半島再侵攻と朝鮮水軍の壊滅に対応して、臨時に水軍の指揮官に起用されるという経緯を辿った。

明は朝鮮救援軍を編成するにあたって、各方面から部隊を抽出しており、水軍の場合は、浙江《せっこう》・福建《ふっけん》の部隊が動員された。しかし、『明史』陳璘伝によると、明水軍の兵数は一万三〇〇〇人であり、このうちの五〇〇〇人が陳璘の広東兵であったという。おそらく、抽出された水軍部隊（浙江―季金など、福建―張良相など）が十分な兵力ではなく、対倭寇戦に関わった経験を有する陳璘と鄧子竜の部隊も転用したうえで、両人を総兵・副総兵に位置づけたのであろう。このように、陸戦部隊を船上に乗せて、強引に水軍を充足させた手法は、後に実戦で問題を生じさせることになった。

なお、慶長の役の明軍は、最終的に麻貴《まき》・劉綎《りゅうてい》・董一元《とういちげん》・陳璘の四人を司令官とする体制となった。陸戦の三将は、いずれも総兵（方面軍司令官）の階級にあり、陸海のバランスをとるうえでも、同格の陳璘を司令官に据える必要があったのかもしれない。

明水軍は朝鮮水軍と共同で行動しており、戦争終盤には、全羅道の順天城（小西行長などが籠城）を海上から攻撃して（陸上からは劉綎軍が攻撃）、順天救援のために出動した日本水軍（島津義弘・立花宗茂《むねしげ》など）と露梁で交戦した。

この露梁海戦で、明・朝鮮連合水軍の先陣となったのは鄧子竜（明）と李舜臣（朝鮮）であり、両将が戦死した後、季金・張良相などが戦闘を継続して、日本水軍を露梁から後退させた（『両朝平攘録』）。戦力を減耗させていた李舜臣と、海戦に不慣れな鄧子竜の部隊が敗退したため、浙江・福建の水軍を投入して、戦況を立て直したのであろう。鄧子竜の死因も、味方に乗艦を誤射された結果であり、戦力の逐次投入と合わせ、陸将の陳璘と鄧子竜を正・副の司令官に据えた人事が拙劣な指揮に繋がったとみられる。

　それでも、同時期に他の総兵が指揮した攻勢（麻貴→蔚山、董一元→泗川、劉綎→順天）は、いずれも失敗に終わっており、相応の戦果をあげたのは陳璘の水軍のみだった。そのため、明が戦後に実施した論功行賞でも、陳璘は第一位の評価を得ている。露梁海戦の戦勝報告も、捕虜を豊臣政権の一門・重臣に偽装するなど、過剰に修飾されたものだったが、明は対日戦争の勝利を強調するために、あえて陳璘を追及しなかったのである。

第七章　江戸時代における水軍と海賊

徳川将軍家の成立と「船手頭」①――海上勢力の軍事官僚化

十七世紀に入ると、領域権力統合体制の中核は、羽柴氏（豊臣政権）から徳川氏（江戸幕府）に移行した。朝鮮出兵の失敗は、軍事的勝利を重ねて領域権力を束ね上げた羽柴氏の武《ぶ》威《い》を低下させ、さらに代替わりをめぐる迷走（秀次の粛清）も重なり、諸大名を統合する求心力を喪失したことから、徳川氏が政権の受け皿となったのである。

江戸時代については、戦乱が途絶えた太平の世であって、軍備は凍結されたと理解される傾向にある。しかし、徳川氏の覇権も、本質的には軍事的実績に基づくものであり、軍備が廃棄されたわけではない。江戸時代を通じて、国内で諸大名との勢力均衡を優位に保ちつつ、対外的緊張に対応することは重要な課題であり続けた。当然、軍備は抑止力として必須であり、保全・整備のための努力が払われている。そして、水軍の編成・運営も、戦国期からの展開、朝鮮出兵期の変革を踏まえ、新しい局面を迎えることになる。

第三章で確認したように、徳川氏は東海地域で戦国大名として存立していた時期から水軍を編成していた。とくに天正十年（一五八二）以降、武田水軍を構成した海賊（小浜氏・向井氏・間宮氏）を服属させ、その陣容を一層充実させた。天正壬午の乱（対北条氏）では駿河湾、小牧の陣（対羽柴氏）では伊勢湾にて水軍を運用し、相応の成果をあげている。
徳川氏は豊臣政権に参入すると、一五九〇年代に関東（旧北条氏領国）に領国を移封され、従前から水軍として活動してきた諸氏の知行地を三浦半島に設定し、三崎を拠点として、海上交通の監察にあたらせた。北条氏の場合、有事に海賊の梶原氏・山本氏を三崎に入れ、海上交通を監察させたが、徳川氏はその方式を平時にも拡大させたことになる。徳川氏は豊臣政権傘下の大名として、北条氏没落後の関東に入ってきた「進駐軍」であった。そのため、海上の治安維持を北条氏時代よりも強化する措置を採ったのだろう。

さらに前章でみたように、徳川氏は朝鮮出兵に対応して、家中全体で水軍編成をおこなう体制を整備し、海上軍事官僚の創出も進行させた。文禄・慶長の両役を通じて、徳川氏の軍勢は、韓半島に渡海しなかったものの、派遣案は幾度か持ち上がっており、兵員・物資の輸送や、半島沿岸での実戦参加に備えて、水軍の拡充を進めたのである。

一五九〇年代の徳川氏の海上軍事は、海賊の小浜氏・向井氏・間宮氏・千賀氏や、もと三河国衆の形原松平氏・幡豆小笠原氏によって支えられていた。そして、前者の四氏は三崎を活動拠点としたことから「三崎衆」、後者の二氏は上総国西岸に所領を設定されていたことから「上総衆」と呼称されていた（『千賀家譜』所収文書）。

まず徳川権力のもとで海上軍事官僚に位置づけられたのは「三崎衆」であった。もともと、

「三崎衆」の一翼を担った向井政綱の木像
（見桃寺旧蔵、画像提供：三浦市教育委員会）

小浜氏・向井氏・間宮氏・千賀氏は、本来の生国を離れながら、戦国大名や国衆に従属することで、海上活動を維持してきた経緯があった。また、関東入封にあたって、三崎を共用の拠点としたように、海上勢力としての自己完結性は稀薄化していた。そのため、海上軍事の拡充路線の中で、船舶の建造や、水夫の徴発などに関する権限を与えられ、知行以上の規模の海上活動すら展開していくようになった。

これに対して、「上総衆」の形原松平氏と幡豆小笠原氏は、徳川氏に従属しつつも、三河国の沿海地域で自己完結性の高い支配領域を経営していた。また、関東転封後も、形原松平氏は五井、幡豆小笠原氏は富津に所領を設定され、沿海地域の自立的領主としての性格を保持した。形原松平氏・幡豆小笠原氏とも、沿海地域で存立してきたことから、水軍を編成・運用するノウハウを備えており、徳川氏は水軍を拡充するうえで、東海時代には海上軍役の対象外としていた両家を海上軍役に組み込んだのである。

当初、「上総衆」の活動は、各自が編成した水軍を率い、徳川家康の名護屋在陣に随従するにとどまり、「三崎衆」とは区別されていた。しかし、一五九〇年代の中頃には「上総衆」も「三崎衆」と共同で、関東から畿内に物資（米穀・材木など）を運搬する船舶への船手形を発行するようになり、海上軍事官僚としての性格を帯びていった。

豊臣政権が諸大名に求める課役は、戦時動員のみならず、普請など多岐にわたっており、徳川氏も船舶運用体制のさらなる充実をはかり、「上総衆」にも「三崎衆」と同様の役割を与えたのであろう。なお、すでに一五八〇年代の段階で、豊臣政権による京都の大仏建立に供すべく、富士山周辺の木材を運送するうえで、三河国衆の持船を動員する場面も生じていた。朝鮮出兵の有無に関わらず、大勢は大名権力による動員体制の強化（総力化）、海上勢力（海賊・沿海国衆）の官僚化を必要としていたと理解すべきである。これは、徳川氏のみで起きていた事象ではなく、豊臣政権下の諸大名に共通する傾向だった。

徳川将軍家の成立と「船手頭」②――江戸城下の海上軍事

徳川氏が十七世紀初頭に大名権力（一己《いっこ》の領域権力）から将軍権力（列島全体の領域権力の統合者）に昇華したことに伴い、その海上軍事体制も一層の変貌を遂げた。

明確な時期は不明だが、三崎衆・上総衆の諸氏は、一六一〇年代までに江戸（徳川氏本拠）

に常駐して、隅田川河口部に屋敷を与えられ、徳川将軍家の「船手頭」として任用されるようになった。第五章でみたように、「船手」は豊臣政権のもとで広まった水軍の呼称であり、「船手頭」は将軍家直轄の水軍指揮官を意味した。

十七世紀初頭の段階で、徳川将軍家の船手頭は、向井氏・小浜氏・間宮氏・幡豆小笠原氏によって構成された。このうち、向井氏・小浜氏・間宮氏が旧三崎衆、幡豆小笠原氏が旧上総衆だった。旧三崎衆の三氏は、もともと徳川権力と結合することで海上活動を展開しており、自己完結性は稀薄だったが、幡豆小笠原氏の場合、一五九〇年代までは上総国西岸地域で相応の自立性を保持していた。しかし、その幡豆小笠原氏も、やがて旧三崎衆と同様に、自己完結性を薄めていったことになる。中小規模の自立的海上勢力として存立し続けるよりも、将軍権力のもとで活動規模を拡張する路線を選択したのであろう。

これらの将軍家船手頭の江戸屋敷は、八丁堀《はっちょうぼり》と日本橋川を繋ぐ楓《かえで》川沿いを中心に配置され、それぞれが船蔵を構え、水路を屋敷内に引くなど、水軍基地としての機能を備えていた（「江戸図屏風」）。そして、各屋敷は「番所《ばんしょ》」とも呼称され、まさに江戸城下の水上交通を監察する役割を果たしていた（『江戸幕府日記』）。なお、十七世紀前半に日本を訪れたヨーロッパ人の記録には、将軍家船手頭を「提督」の他に「港務長官」と記載したものもある（『オランダ商館長日記』など）。江戸の港湾管理を託された存在と認識していたのである。

「江戸図屏風」に描かれた将軍家船手頭・向井氏の江戸屋敷（国立歴史民俗博物館蔵）

さらに江戸城の和田倉門《わだくら》には、「龍口《たつのくち》」と称される船着場が設置されており、将軍は同所から乗船して、隅田川河口部へと下り、深川《ふかがわ》や葛西《かさい》などに出向いて鷹狩りなどをおこなった。そして、将軍の御《ご》座船《ざぶね》や供船《ともぶね》の運航も、船手頭の役割の一つだった。

こうした江戸城下における活動のありかたは、各船手頭が徳川権力と深く結合して、まさに海上軍事官僚としての性格を色濃くしていたことを意味する。実際、船手頭に所属する船舶・同心は徳川将軍家が直轄して、船手頭は将軍家から船舶・同心の指揮権を預かる体制が成立している。船手頭が自己の知行地を基盤として抱える船舶・人員もある程度維持されていたが、海上活動の自己完結性はほぼ失われたといえる。

船舶・同心の預託《よたく》方式も、正確な成立時期は不明である。前身に相当する甲斐武田氏の海賊衆では、各海賊が配下に支給するための知行地を与えられ、自己の裁量で同心衆を編成していた（「小浜文書」「清和源氏向系図」など）。その一方で、徳川将軍家の場合、同心への俸《ほう》禄《ろく》支給を直接おこなっている（『江戸幕府日記』）。おそらく、徳川権力は武田氏海賊衆の同心衆編成方式を引き継ぎながら、漸進的に俸禄の支給権を回収して、同心との間に封建的な主従関係を成立させたのだろう。

そして、船舶・同心の預託方式が進行した結果、三崎衆・上総衆の系譜を引かない旗本が船手頭に就任する事例も増加していった。世代交代の進行や平和の長期化は、海上勢力の系譜に連なる船手頭やその配下の技量・練度《れんど》を低下させる傾向を生じさせていた。そのため、徳川将軍家は海上軍事力の直轄体制を維持するうえで、海上勢力の系譜にこだわらず、船手頭の任用者を旗本全体に拡大するようになったのである。また、船舶・同心の直轄化も、父祖伝来の専門的技量を持たずとも、将軍家から委託された権限を適切に行使することで、船手頭としての活動を十分に展開できる環境を整えていた。

とくに石川政次は、寛永二年（一六二五）に船手頭に就任すると、隅田川河口部の中洲に屋敷を与えられ（石川島の由来）、江戸の海上防衛に参加しつつ、海上軍事活動において高い適性を示した。徳川将軍家も石川政次の権限を順次拡大していき、次節でみるように、より高次の立場に登用して、海上軍事体制の広域化に取り組ませたほどだった。

なお、徳川将軍家の船手頭は、江戸に常駐しつつ、遠国《おんごく》に派遣されて、海事上の諸問題を処理することもあった。十七世紀以降、徳川氏の権力形態が❶江戸・関東を本拠とする領域権力、❷列島全域の領域権力の盟主という、二重性格を帯びたことに対応して、船手頭の活動も、❶江戸の海上防衛、❷列島各地への出向に分化したのである。

徳川将軍家の成立と「船手頭」③——海上軍事体制の多極構造

一五九〇年代に関東大名としての徳川氏の海上軍事力を構成した諸氏のすべてが将軍家の船手頭に移行したわけではない。もと上総衆の形原松平氏と、もと三崎衆の千賀氏は、十七世紀初頭に関東からそれぞれの本領に復帰している。

このうち、形原松平氏は海上軍事との関わりをほとんどみせなくなり、やがて転封を繰返して、内陸部の譜代大名として存立するようになった（幕末段階では丹波国亀山《かめやま》五万一〇〇〇石）。同じ上総衆（かつ三河国衆）でも、幡豆小笠原氏と違い、海上活動の維持・発展よりも、自立的な領域・家中の拡大を選択したのであろう。

その一方で、千賀氏は尾張徳川氏（一門）の家中に編入されて、幕末まで船奉行を世襲していった。将軍家の船手頭と同じく、海上軍事官僚としての立場によって、身代以上の海上活動を展開する路線を歩んだことになる。もともと、千賀氏は大野佐治氏と結びついて、志摩半島から知多半島に移住した海賊であり、佐治氏没落後は徳川氏に従属して、所領を安堵されるという経緯を辿っていた。このように、千賀氏の存立は、領域権力との結合を前提とする性格が強く、海上軍事官僚化にも適応しやすかったのだろう。

さらに紀伊徳川氏の船奉行をつとめた竹本《たけもと》氏（丹後守）も、本来は千賀氏の家臣であって、徳川頼宣《よりのぶ》の紀伊国入封に際して、千賀氏から出向したとされる。徳川将軍家が一門大名（尾張家・紀伊家）を創出していく中で、各家の海上軍事体制の構築・運営について、千賀氏の海上活動能力が活用されていた状況もみえてくる。

また、こうした一門大名と各家の海上軍事体制の立ち上げと並行して、将軍家直轄の海上軍事体制も、関東から畿内へと広げられていった。

徳川将軍家は慶長二十年（一六一五）に羽柴氏を討滅すると、大坂を直轄化して、京都と並ぶ畿内支配の拠点に設定し、さらに西国方面を監察する役割も付与していった。その過程で、将軍家は元和《げんな》六年（一六二〇）に大坂船手を設置し、城代を頂点とする統治機構の中で、大坂城下や淀川の水上軍事を統括する権限を委ねている。

初代の大坂船手には、江戸常駐の船手頭から小浜光隆が起用された。小浜光隆の父景隆は、かつて武田氏海賊衆にあって、最大の戦力を誇った存在であり、徳川氏に帰順した後も、小牧の陣で羽柴方の九鬼嘉隆に対抗することを織田信雄から期待された実力者であった。小浜光隆も一五九〇年代から三崎衆の筆頭格として活動しており、大坂の陣では、河口部の制圧・掃討で実績をあげていた。十七世紀に入ると、同じ旧武田氏海賊衆の向井氏が将軍家の信認を得て、江戸常駐の船手頭の中で、権勢を振るうようになっていたが、将軍家は小浜氏の力量も依然評価しており、江戸から大坂に転出させたのである。

なお、徳川将軍家は直轄船舶の新規建造を大坂の船大工に発注することもあり、その場合、小浜氏は城代・町奉行と協議しつつ、大工の選定などを取り仕切った。大坂船手としての小浜氏は、大坂城下の海上軍事を統括するにとどまらず、大坂に集積された造船技術を適宜運用し、将軍家直轄の海上軍事体制全体を支える役割も担っていたことになる。

このように、徳川将軍家の海上軍事体制は、江戸（将軍家本拠）・大坂（畿内・西国支配の中心）を東西の両極とする構造であった。さらに将軍家は、江戸・大坂の間に複数の海事支配の拠点を設置して、尾張徳川氏・紀伊徳川氏の海上軍事力と合わせ、関東と畿内を繋ぐ海上連絡（あるいは海上交通の監察・統制）をより万全とすることにも配慮していた。

具体的には、三崎奉行所（相模国）・下田奉行所（伊豆国）・清水船手（駿河国）・大崎船手

（三河国）・白子船手（伊勢国）・山田奉行所（伊勢国）などである。三崎・下田・清水の三拠点が十八世紀前半までに浦賀《うらが》奉行所に再編されるなど、中途で統廃合もあったが、関東・畿内の海上連絡を海事支配拠点で繫げる仕組みは幕末まで維持された。

とくに山田奉行は、伊勢神宮の守護などを本務としつつ、一六三〇年代から船手役を兼ねて、七〇人の水主《かこ》同心（俸禄を支給される常備要員）が所属した。これは、向井氏（江戸船手筆頭）の一三〇人、小浜氏（大坂船手）の一〇〇人に次ぐ人数であった。山田奉行が担当する伊勢海域は、関東・畿内間の海上連絡の中間に位置した。そのため、徳川将軍家は山田奉行を江戸船手・大坂船手に次ぐ海上軍事体制の第三極に設定したのだろう。

山田は伊勢神宮の鳥居前町であり、坂《さか》方・須原《すはら》方・岩淵《いわぶち》方が自治組織の山田三方を運営していた。この山田三方は、宮《みや》川・瀬田《せた》川に挟まれた地勢によって、海上勢力としての性格も有しており、戦国期には、志摩海賊との連帯・抗争を繰り返した。そして、徳川将軍家は山田奉行を介して、三方の自治を認めつつ、海上軍事体制に取り込んだのである。

当初、山田奉行（船手役兼任体制）には、備前宇喜多氏旧臣の花房幸次《よしつぐ》が起用され、寛永十八年（一六四一）以降、江戸常駐の船手頭から石川政次が登用されて、万治《まんじ》二年（一六五九）まで在任した。前節でみたように、石川政次は海上勢力の系譜以外から就任した最初の船手頭だったが、預けられた水主同心や船舶を適切に管轄し、向井氏を上回る技量を示す局面もあった。そこで、徳川将軍家は石川政次を江戸から山田奉行に転出させ、より重大な役割（江戸・大坂の海上連絡の中継など）を付与したのである。この石川政次の台頭は、船手頭という職制が海上勢力に伝来する技量に依存してきた段階を脱し、軍事官僚として確立しつつあったことを意味する事象であった。

大船禁令の意味

徳川将軍家は直轄の海上軍事力を整備する一方で、諸大名の海上軍事力に制限をかける措置を講じた。将軍家の列島支配（領域権力の統合）は、勢力均衡の優位の上に成り立っており、各大名の海上軍事力を適度に抑制する必要があったことによる。

海上軍事力の制限は、慶長十四年（一六〇九）に西国大名を対象に執行した大船の接収を出発点とする。前章でみたように、豊臣政権期の朝鮮出兵は、軍用船の大型化を進行させ、とくに主力を担った西国大名の水軍を肥大化させた。その結果、諸大名の海上軍事力は、西高東低の様相を呈しており、徳川将軍家は大船接収を通じ、相応に東西の均衡をとろうとしたのである。また、徳川将軍家は豊臣政権ほどには対外侵攻の遂行に積極的ではなく、西国大名に過剰な規模の水軍を維持させておく必要性も低かった。

この慶長十四年の大船接収は、西国大名に五〇〇石積《づみ》以上の船舶を淡路島に廻航させることで進行した。淡路島には将軍家船手頭の小浜光隆・向井忠勝、および志摩国鳥羽の九鬼守隆が出向しており、接収の実務を担った。小浜氏・向井氏・九鬼氏は、いずれも伊勢湾地域の海賊を出自しており、その技量が大船接収に活用されたことになる。将軍家としては、信頼する子飼いの海賊と、織豊政権のもとで海上軍事の実績を重ねてきた九鬼氏を組み合わせることで、接収作業を効率的に執行しようとしたのである。

さらに五〇〇石積以上の船舶を接収する方針は、各大名が所持する軍船だけではなく、領内の商船にも適用された。大型の船舶は、巨体による堅牢性・積載量そのものが軍事的な有用性を帯びており、徳川将軍家は軍船・商船を問わずに接収したのである。

慶長十四年の大船接収は、西国大名を対象として執行されたが、以後、他の大名も五〇〇石積以上の船舶の所持を原則として禁止され、寛永十二年（一六三五）には、「武家諸法度《ぶけしょはっと》」の条文に盛り込まれるに至った。ただし、商船の積載量を五〇〇石以下に制限することは、海運の維持・発展を阻害するため、寛永十五年に商船の規制は一〇〇〇石積まで緩和されている。江戸時代に大型商船が「千石船」と呼称された前提でもある。

なお、徳川将軍家は諸大名に水軍の編成を禁じたわけではなく、五〇〇石積以下という制限を越えない範囲で、軍船を建造・保持することは容認していた。それでも、五〇〇石積以下では、安宅船を建造することは困難であって、軍船の主力は関船に切り替えられていった。さらに制限の枠内で、なるべく大型の関船を建造しようとする志向性も生じた。

もともと、関船は安宅船と同じく、船体の上部を惣矢倉とする構造となっており、とくに制限一杯に造船すると、安宅船と見間違われるリスクもあった。たとえば、阿波蜂須賀氏は寛永八年（一六三一）に起工した飛龍丸《ひりゆうまる》について、世間から「安宅がましき船」とみなされることを懸念し、大坂船手の小浜光隆に検分《けんぶん》を依頼している（「蜂須賀家文書」）。これとは反対に、筑前黒田氏の場合は、寛永二年に小浜光隆から鳳凰丸《ほうおうまる》の規制違反疑惑を追及され、領内への査察受け容れを余儀なくされた（『黒田家譜』）。以上の二つの事例は、大坂船手が西国大名の軍船建造を監視する役割を担っていたことを示している。徳川将軍家と諸大名は、ある種の緊張感を持ちながら、水軍の維持・整備に取り組んだのである。

このように、軍船の規模を五〇〇石積以下に制限したことは、安宅船の保持を禁じたこととほぼ同義であった。その一方で、関船の大型化は、規制遵守という条件つきで容認されており、大船禁令はかならずしも水軍の無力化を意味する措置ではなかった。

そもそも、安宅船は堅牢性・火器搭載量を具備しつつも、巨体と推力（帆走・艪走）の不均衡からくる鈍重さのために、軽快な運用には不向きであった。朝鮮出兵でも、泊地近辺にて敵水軍を迎え撃つ戦闘（釜山海戦など）では、安宅船の性能が発揮されたものの、積極的に会敵する戦闘（鳴梁海戦など）では、安宅船を運用できずに苦戦している。

そのため、安宅船の回収は、単純に諸大名（とくに外様《とざま》）の海上軍事力の削減・制限を目的としたものではなく、主力を大型の関船に移行させて、水軍運用を機動性重視に転換する意味合いも含んでいたと理解することもできる。

実際、徳川将軍家や一門・譜代大名も、安宅船を基本的に保持しておらず、五〇〇石積以下の関船・小早船《こばやぶね》で水軍を編成している。外様大名にのみ制限を課して、徳川勢力が海上軍事力で優位を確保しようという発想は稀薄であった。

たしかに、徳川将軍家は一六三〇年代に洋式技術も取り入れた巨船安宅丸（推定竜骨長《りゅうこつちょう》三八メートル×横幅一六・二メートル、銅板装甲）を建造して、約半世紀にわたって維持した。しかし、安宅丸の用途は、隅田川河口に浮かべ、石川島・佃島《つくだじま》などと組み合わせ、江戸城下の海上防衛を充実させることにあり、遠方の海域で使用することは想定されていなかった。江戸の船手頭が西国に出張する場合は、関船・小早船が使用されている。

なお、一部には、安宅丸はあまりに巨体で鈍重なために実用に適さず、太平の世における軍事の陳腐化を象徴する船だったと評する向きもあるが、それもいささか極論が過ぎるように感じられる。もともと、安宅船は「浮かべる城」として、拠点防衛や海路遮断などで固定的に運用することを真価とする。安宅丸のあり方は、こうした安宅船の特性を突き詰めたものであって、江戸城下の海上防衛には、相応の意味があったとみるべきだろう。無論、諸大名に所有を禁じた安宅船をより巨大に建造することで、徳川将軍家の優越性を表現するという政治的意図はあっただろうが、実用性の欠如とは同義ではない。

消える海賊、残る海賊

豊臣政権期の海賊大名は、徳川体制のもとで相次いで姿を消していった。

まず慶長五年（一六〇〇）の関ヶ原合戦の結果、堀内氏（紀伊国新宮）と菅氏（所領不詳）が没落した。両氏は伊勢湾で毛利氏（西軍総帥）の水軍が展開した軍事行動（知多半島の襲撃など）に協力しており、戦後処理によって改易されたのである。

また、来島村上氏も西軍に荷担しており、戦後は内陸部の豊後国森《もり》に転封され、海上勢力としての存立を停止させられた。来島村上氏の場合は、大坂城下の海上防備に加わったものの、積極的に西軍の軍事戦略に参加したわけではなかった。そのため、当主長親の舅《しゅうと》である福島正則の周旋もあって、改易を免れることができた。

さらに内陸部への転封も、かならずしも懲罰的な文脈のみで説明すべきではない。前章でみたように、来島村上氏は朝鮮出兵で通総（当主）・通幸（一門）が戦死するなど、大損害を蒙っていた。関ヶ原合戦で伊勢湾に出動せず、大坂城下に留め置かれたのも、未だ朝鮮出兵での痛手を回復できていなかったことを示唆している。このように、海上軍役の継続が困難となっていた状況を前提として、徳川氏は来島村上氏を内陸部に移封して、領域権力としてのあり方を転換させたのが実情ではないだろうか。

その一方で、九鬼氏（志摩国鳥羽）は、徳川将軍家から重用された。関ヶ原合戦に際して、九鬼嘉隆は堀内氏・菅氏と同様に、毛利水軍の伊勢湾出動に同調して、戦後に自害した。しかし、当時の嘉隆は隠居であり、当主の守隆《もりたか》は伊勢湾における東軍の海上活動を支えて、その戦功によって、加増すら執行されている（三万六〇〇〇石→五万五〇〇〇石）。以後、慶長十四年（一六〇九）の大船接収や、大坂の陣における河口部の掃討・封鎖など、徳川体制初期の海上軍事は、九鬼氏を主力として遂行された。織豊政権と同じく、徳川将軍家も海上軍事について、九鬼氏と志摩衆の技量を活用したのである。徳川権力の拡大（関東大名から全国政権に成長）に比して、直轄水軍の拡充が十分に追随できておらず、九鬼氏の実力によって補完していた構図が垣間みえる。

もっとも、九鬼氏は守隆の晩年から没後にかけて、家中を不安定化させ、寛永十年（一六三三）に内陸部の摂津国三田《さんだ》・丹波国綾部《あやべ》に転封された。九鬼氏は織豊政権や徳川将軍家の海上軍役に従事して台頭した経緯のために、海上活動に長けた重臣の権勢が強く、大名権力の確立が困難な状況にあった。そこで、徳川将軍家は九鬼氏を海上活動から切り離して、権力構造の改編を促進したのである。また、将軍家直属水軍の拡充が進行したことで、九鬼氏を活用する必要性が低下していた、という側面もある。

ところで、九鬼氏の陸上転封は、徳川将軍家による水軍の解体という筋書きで語られることが多い。しかし、九鬼氏の持船などは、志摩国に転封された譜代大名に引き継がれ、徳川将軍家の海上軍事体制の中で活用されている。また、前述した伊勢山田奉行の船手役兼任も、九鬼氏の転封に連動した措置であった。むしろ、徳川将軍家は九鬼氏の脱落による海上軍事体制の弱体化を避けるべく、諸々の対策につとめていたのが実情である。

さらに船手役を兼ねた最初の山田奉行は、これも前述したように、備前宇喜多氏の旧臣にあたる花房幸次だった。幸次の花房志摩守家は、もともと播磨国を拠点としていた時期があり、小豆島沖で海賊の襲撃を撃退した伝承（『寛永諸家系図伝』）を有するなど、海上勢力として存立していた形跡がある。実際、花房志摩守家を含む宇喜多氏旧臣は、大坂の陣で羽柴方の水軍拠点だった福島の攻略に参加し、同陣していた沼田真田《ぬまたさなだ》氏の家臣が作成した絵図には、将軍家船手頭の向井氏・小浜氏と同じ「かいそく（海賊＝水軍）」として記載されていた。こうした由緒や実績を鑑みると、花房幸次の山田奉行就任は、瀬戸内海の海上勢力の系譜を引く人間が伊勢湾の海上軍事を委ねられた事例としても理解できる。後任の山田奉行石川政

三田尻御船倉跡（画像提供：防府観光コンベンション協会）

次も、江戸常駐の船手頭から起用されており、徳川将軍家が山田奉行を軸に、伊勢湾における海上軍事力の維持や直轄化を進めていた状況がみえてくる。

このように、海賊大名の相次ぐ退場について、水軍の解体として説明することには問題がある。徳川将軍家は全国政権化に対応して、直轄水軍や一門・譜代の水軍の拡充を進めており、外様大名の水軍編成にも、同様の傾向が見出される。

たとえば、戦国期に最大規模の水軍運用をおこなった毛利氏は、関ヶ原合戦後に領国を二ヶ国（長門国・周防国）に縮小させられながら、周防国三田尻《みたじり》を拠点に設定して、水軍の編成を継続している。イングランド使節ジョン・セーリス（慶長十八年〈一六一三〉訪日）の報告書には、三田尻で船蔵に格納された鉄板装甲の大船を目撃した記事があり、毛利氏が堅牢な軍船を保持しながら、水軍の編成を続けていたことがわかる。

また、十七世紀以降の毛利氏は、能島村上氏（武吉《たけよし》の嫡孫元武《もとたけ》と庶子景親《かげちか》の二系統）・乃美氏・粟屋氏・沓屋氏などを船奉行としていた。これらは、戦国期に毛利氏の水軍を構成していた諸氏であった。徳川将軍家の船手頭と同じく、毛利氏の船奉行も個別の知行地を有していたが、水軍としての活動（船舶・水夫などの管轄）は、基本的に三田尻でおこなった。毛利氏は領国を大幅に削減され、水軍の規模も縮小を余儀なくされる中で、大名権力による水軍の編成・運用の直轄化を著しく進行させたことになる。

毛利氏船奉行のうち、能島村上氏は戦国期に高い自立性を持ち、しばしば独自行動をとってきた海賊だったが、船奉行への任用は、自己完結性を稀薄化させて、毛利氏の軍事官僚に転じたことを意味している。すでに一五八〇年代後半以降、毛利氏への従属度を強めており、さらに毛利氏領国が関ヶ原合戦後に圧縮されたことで、能島村上氏は大名権力により深く結合して、海上活動を継続する路線を選択したのである。

その一方で、毛利氏とは反対に、領国の拡張に対応するために、船奉行を中心として、水軍編成の直轄化・大規模化を推進した大名も多い。とくに関ヶ原合戦の戦功によって、西国で一国規模の領国を与えられた織豊系大名に目立つ傾向である。

たとえば、山内《やまうち》氏は遠江国掛川から土佐国に入封すると、樋口関太夫《ひぐちせきだゆう》・真鍋善右衛門《ぜんえもん》を船奉行として、水軍を編成・運用させた。この山内氏の水軍は、徳川将軍家が西国で展開する海上軍事への船舶提供、あるいは公儀普請のための資材廻漕などに活用された。平時における諸大名の水軍の存在理由の一半（将軍家への奉公）をよく果たしたといえる。

山内氏の船奉行をつとめた樋口関太夫・真鍋善右衛門は、いずれも和泉国の出身者であった。とくに真鍋善右衛門は、織田氏のもとで本願寺攻囲をめぐる海上軍事に参加した真鍋氏の一族とみられる。第五章でみたように、もとの土佐国主である長宗我部氏は、浦戸の池一族に海上軍事の権限を委ねて、小田原合戦などで、全軍あげて水軍として行動しうるほどの船団を編成させていた。山内氏は樋口氏・真鍋氏が和泉国で培ってきた海上活動に関する力量を利用して、長宗我部氏旧臣の池氏を起用せずとも、土佐国の船舶・海民などを軍事的に組織することを可能としたのであろう。

毛利氏・山内氏の事例が示すように、江戸期の諸大名の船奉行には、海上勢力の系譜を引く人間が任用された事例が多い。こうした船奉行たちは、給付された知行地を基盤として、海上の軍役を果たすだけではなく、大名権力のもとで、領国の総力をあげて水軍を形成する体制の統括を担い、本来の身上を越える規模の海上軍事を展開した。

そして、各大名家における水軍編成の直轄化・大規模化は、海上軍役に専従する大名の存在理由を低下させた。すでに朝鮮出兵の段階で、動員力が数百人程度にとどまる海賊大名（来島村上氏など）の存在感は稀薄となっており、羽柴氏の取立大名で、相対的に動員力の高い藤堂高虎・加藤嘉明・脇坂安治などが海上戦略の主軸を担う状況が現出していた。さらに十七世紀以降は、羽柴氏取立の水軍大名も、海上軍事で目立った活動をみせなくなり、とくに加藤嘉明は寛永四年（一六二七）に陸奥《むつ》国会津《あいづ》に転封されている。内陸部への転封による海上活動の停止は九鬼氏と共通するが、加藤嘉明の場合は、徳川将軍家からより大局的な役割（奥羽の勢力均衡）を課された結果であった。

朝鮮出兵でも、後半には非水軍専従の大名が戦果をあげる場面（巨済島海戦・露梁海戦など）があらわれており、各大名家で水軍の編成・運用体制が一層整備されると、特定の大名に海上軍役を課す必要はなくなり、海賊大名・水軍大名は相次いで姿を消したのである。ただし、海賊については、大名家の船奉行に任用される事例が多く、自立性を喪失しながらも、活動規模そのものは、むしろ大きくなることもあった。

江戸時代に海賊・水軍が終焉したと理解するのは正しくない。領域権力の連合体制という幕藩国家の枠組みに合わせ、大名権力による水軍編成の直轄化が進行する中で、海賊は領域権力化して海上活動を停止するか（来島村上氏・九鬼氏など）、大名権力の海上軍事官僚として海上活動を継続するか（能島村上氏など）、進路が分かれたのが実情である。また、こうした海賊・水軍の変化は、江戸時代ににわかに現出したのではなく、戦国期以来、地域による差異を生じさせながらも徐々に進行したものであった。

「鎖国」と沿岸警備体制

江戸時代には、徳川将軍家を頂点とする領域権力の統合が安定し、長期にわたる平和が実現した。それでも、徳川将軍家や諸大名が水軍を相応の規模で維持し続けた理由の一つは、「鎖国《さこく》」によって、対外的な緊張状態を抱え込んだことにあった。

豊臣政権が朝鮮出兵の失敗によって武威を低下させた経緯から、徳川将軍家は対外戦争について、相対的に慎重な姿勢をとった。しかし、キリスト教の禁令は、豊臣政権よりも徹底させ、一六四〇年代までにスペイン人やポルトガル人を国内から排除し、オランダ人の活動も長崎の出島に局限するようになった。その一方で、スペイン船やポルトガル船の再来航に備え、将軍家はとくに西国の諸大名に沿岸警備体制の構築・運営を求め、持船の規模に制限(五〇〇石積以下)をもうけつつ、水軍の編成そのものは容認した。そして、将軍家も沿岸警備体制を統括する立場から、直轄水軍を整備したのである。

「鎖国」と沿岸警備体制の連動は、すでに一六一〇年代中頃から進行していた。

徳川将軍家は元和二年(一六一六)にヨーロッパ船舶の入港を肥前国平戸・長崎に限定した。カトリック(スペイン、ポルトガル)とプロテスタント(イングランド、オランダ)の別を問わず、ヨーロッパ人の活動を平戸・長崎のみとして、キリスト教禁令の徹底を進展させようとしたのである。さらに将軍家は、同年に伊豆国下田に奉行所を設置して、同地に軍船を配備している。そして、初期の下田奉行は、向井氏（江戸常駐の船手頭）が管轄する三浦半島の三崎・走水《はしりみず》番所と連携して、関東・畿内を往来する船舶の監察をおこないつつ、関東沿岸の海上防備にあたるようになった。従前の将軍家は、交易のために三浦半島の浦賀にスペイン船を入港させていたが、関東（将軍家本領）からヨーロッパ船舶を排除するとともに、沿岸警備体制を強化する措置を講じたのである。

また、石川政次が寛永二年（一六二五）に船手頭に起用され、安房国館山に知行地を配置されたことも、同年に発令したスペイン船来航禁止令に対応して、関東の海上防衛を充実させるための措置だったとみられる。スペインのルソン島総督府は、元和二年の寄港地制限以前に幾度か交易船を浦賀に入港させており、元和九年にも、徳川将軍家に関係改善を求める使節を関東に向けて派遣していた。この使節を乗せたスペイン船は、嵐で損傷して薩摩国山《やま》川《がわ》に入り、将軍家の命令で長崎に廻航されたうえで、翌年にルソン島に追い返された。しかし、一連の経緯から、徳川将軍家はルソン島のスペイン勢力が関東への渡航能力をある程度維持していることを再認識して、スペイン船の来航を全面的に禁止するにあたって、館山に石川政次の知行地を設定し、関東内湾（江戸湾）に出入りする船舶の監視体制を強化したのであろう。すでに房総半島の富津（幡豆小笠原氏知行地）と三浦半島の走水番所（向井氏管轄）によって、湾口の最狭部を扼する体制が成立していたが、さらに館山の海上軍事拠点化は、房総半島からの監視を強化するものであった。

そして、徳川将軍家は寛永十六年（一六三九）にポルトガル船の来航も禁じて、イベリア両国（スペイン・ポルトガル）との交易関係を完全に断絶させると、寛永十七年から同十九年にかけて、江戸常駐の船手頭を毎年二人一組で西国に派遣して、直轄領・大名領を問わず、諸港湾の調査にあたらせた。徳川将軍家はスペイン船・ポルトガル船の再来航に備えて、西国大名に沿岸警備体制を構築・運営させ、適切な指導をおこなううえで、各地に存在する港湾を把握しようとしたのである。一連の調査は、薩摩島津氏の領国にまで及んでおり、国内における水軍・海賊の移動としては、最長の事例にあたる。将軍権力と結合した海上勢力（船手頭）の活動範囲がきわめて広域に拡大した瞬間だった。

さらに西国に出向した船手頭は、肥前国平戸（松浦氏領国）にも立ち寄り、オランダ人に商館の破却と長崎（将軍家直轄領）への移転を督促している。当時、イングランドは日本市場から撤退しており、オランダ商館が長崎に移ったことで、「鎖国」下の対ヨーロッパ貿易の枠組みはほぼ出来上がった。そして、船手頭による西国港湾の調査は、オランダ人を威圧して、商館の移転を履行させる強制力としての役割も帯びていたのである。

なお、一六四〇年代に整備された西国沿岸警備の最大の課題は、国内唯一の対外貿易港となった長崎の海上防備であった。これには、オランダ船以外のヨーロッパ船舶が長崎に入港した場合の対応も含まれる。長崎奉行の管下には、数艘の軍船が配備されていたものの、長崎の防備（および不法入港への対処）を万全とするには明らかに不足していた。そのため、徳川将軍家は肥前鍋島《なべしま》氏・筑前黒田氏などに長崎在番を課して、有事には、北九州を中心とする諸大名が水軍を率いて長崎に参陣することを定めている。

実際、正保四年（一六四七）にポルトガル使節が通商再開を求めて長崎に来航すると、左記の諸大名が長崎に出動して、ポルトガル船入港中の警備にあたった。

黒田忠之（筑前国福岡・外様）
　一万一七三〇人（水主二九五〇人）・三三三艘（関船六一艘）
細川光尚（肥後国熊本・外様）
　一万一三〇一人（水主四八九六人）・二三三艘（関船一〇八艘）
鍋島勝茂（肥前国佐賀・外様）
　八三五〇人（水主三三〇五人）・二三五艘（関船二五艘）
松平定行（伊予国松山・譜代）

六三一一人（水主二六一五人）・一〇〇艘（関船四八艘）
立花忠茂（筑後国柳川・外様）
三八七〇人（水主八〇〇人）・三三艘（関船九艘）
寺沢堅高（肥前国唐津・外様）
三五〇五人（水主六八五人）・三三艘（関船一三艘）
大村純信（肥前国久島・外様）
二六〇三人（水主一〇二三人）・三三艘（関船七艘）
高力忠房（肥前国島原・譜代）
二四六三人（水主二〇〇八人）・二九艘（関船不明）
小笠原長次（豊前国中津・譜代）
一六七八人（水主六五〇人）・二〇艘（関船九艘）
松平定房（伊予国今治・譜代）
一一九〇人（水主五六八人）・二六艘（関船一〇艘）

（『綿考輯録』『玉露叢』）

記録によって異同はあるが、約五万人の軍勢が長崎に参陣して、船数も一〇〇〇艘を越えていたことはおおむね共通している。各大名が船奉行を統括者として、領国・家中をあげて、水軍を編成・運用する体制の整備を保持していた状況の反映でもあった。

　その一方で、当時のオランダ商館長は、わずか二艘のポルトガル船に過剰なまでに船数を揃えながら、その行動を十分に拘束できていないと論評している。しかし、ヨーロッパ勢力が質的優位（火力など）で数的劣位を補うことは、同時代の東ユーラシア地域で普遍的にみられる事象だった。正保四年の長崎警備もその一例であり、参集した水軍が極端に弱体だったわけではない。徳川将軍家が必要以上の兵力集中を反省して、警備体制の見直しをおこなったのは事実だが、物量による威圧という方針自体は変わらなかった。

　参集した諸大名の指揮は、準一門大名の松平定行《まつだいらさだゆき》（家康甥）が執っており、自身も諸将中第四位にあたる兵力を引き連れていた。さらに船団のほぼ半数は、関船で構成されており、比率では細川氏や黒田氏を上回っている。松平定行の伊予国松山領は、加藤嘉明の旧領を再編したものであり、定行も嘉明と同様に有力な水軍を編成していたのである。

　本来、長崎有事の指揮は、松平忠明《ただあきら》（播磨国姫路、家康孫）に委ねられており、忠明の死後、松平定行が後任に起用されるという経緯を辿っていた。さらに一六六〇年代には、定行の老衰によって、小笠原忠真《ただざね》（豊前国小倉、家康曾孫）が指揮権を引き継いでいる。この三人は、いずれも一〇万石以上の大身であり、相応の規模の水軍を整備していた。九州沿岸や長崎の警備は、九州の外様大名に委託されていたが、有事に外様衆を統制するうえで、西国の準一門大名は、水軍編成への注力を義務づけられていたのであろう。

また、徳川将軍家は長崎有事に対応して、中国・四国の諸大名から船舶を供出させ、大坂船手が整理したうえで、有事の責任者（松平忠明など）に預ける仕組みも構築していた。徳川将軍家は長崎警備を西国の諸大名に任せきっていたわけではなく、大坂船手を中心として、後方支援にあたる姿勢を示していたと理解すべきである。

なお、江戸常駐の船手頭や下田奉行は、関東近海の海上防備について責任を負う立場から、オランダ商館から航洋船の模型を取り寄せ、対策の研究もおこなっていた（『オランダ商館長日記』『バタビア城日誌』）。これに先立って、徳川将軍家は漂流イングランド人のウィリアム・アダムス（三浦按針《あんじん》）にヨーロッパ式の航洋船を建造させたことがあり、造船技術をある程度摂取していた。仙台伊達《だて》氏の遣欧使節がメキシコ渡航に使用したサン・ファン・バウチスタ号も、船手頭向井氏（徳川権力におけるアダムスの後ろ盾）が派遣した船大工の協力で建造されている。向井氏が建造を指揮した安宅丸の船体にも、おそらくアダムス由来であろうヨーロッパ式技術が使用されていた。

しかし、徳川将軍家はこうしたヨーロッパ式の航洋船建造技術によって、自己や諸大名の持船を一新するという措置は講じなかった。沿岸防備に徹するならば、航洋船を建造・運用する必要はなく、造船技術の全面的導入には至らなかったのである。

終わりなき水軍運用

十七世紀中頃以降、徳川将軍家と諸大名は、武断《ぶだん》政治から文治《ぶんち》政治へと移行していったとみなされる傾向にあるが、対外的な緊張感が消滅したわけではない。

正保四年（一六四七）のポルトガル使節の長崎来航はともかくも乗りきったものの、再来航の可能性は残っており、長崎警備の体制は解除されず、むしろオランダ商館長に指摘されたような不手際を教訓として、さらなる整備が進行した。実際に延宝《えんぽう》元年（一六七三）に、イングランド使節が長崎に来航して通商再開を求めたリターン号事件では、より効率的にイングランド船の監視・退去が執行されている。

また、東シナ海でも、日本の対外的緊張感を強める事態が進行していた。一六四〇年代中頃には、明が滅亡して、ジュシェン（女真）王朝の清《しん》が中国大陸の覇権を手中とした。その一方で、明の残存勢力が大陸南部で抵抗を継続して、とくに福建地域の鄭氏は、一六六〇年代初頭に台湾を占拠して、独自の政権を運営した。鄭氏は日本に幾度か援軍派遣を要請しており、傘下の船舶を長崎に派遣して、対日交易を経済基盤とするなど、大陸の動乱を日本に波及させうる可能性を帯びた存在であった。前節でみたように、寛文二年（一六六二）に小笠原忠真が松平定行から長崎有事の指揮権を引き継いだことも、こうした東シナ海の緊張と無関係ではなかったであろう。

結局、清が一六七〇年代に三藩《さんぱん》の乱を平定して、一六八〇年代に台湾鄭氏を帰順させたことで、中国大陸や東シナ海の政情は安定に向かった。スペイン・ポルトガルも、十七世紀後半にヨーロッパと東ユーラシアの双方で勢力の減退を明確にしていた。これらは、沿岸警備体制の前提となった対外的緊張の緩和を意味した。

さらに一六八〇年代は、徳川綱吉《つなよし》が将軍家を継承した時期と重なる。綱吉政権においては、安宅丸の解体や、清水船手の廃止、船手頭の組数削減など、直轄水軍の縮小が進行した。こうした措置は、綱吉の文治志向による武備の軽減という文脈で説明されがちだが、日本周辺の国際情勢の相対的安定という外因性も想定すべきだろう。

そもそも、水軍の維持は、軍船の継続的な造替が必須であって、財政や森林資源を少なからず圧迫するものであった。綱吉政権の成立当時は、天候不順・自然災害による農村の疲弊も進行しており、「仁政《じんせい》」による立て直しが課題となっていた。そのため、対外的緊張の緩和で存在理由を減じていた直轄水軍は整理の対象とされたのである。

もっとも、西国の沿岸警備体制は、依然として解除されたわけではなかった。

清は一六八〇年代まで台湾鄭氏の経済基盤（海上交易）を削ぐべく、福建周辺の海上活動を極度に制限していたが、鄭氏が帰順すると、展海令《てんかいれい》を発して制限を大幅に和らげた。その結果、内外の海上交易は再活性化して、長崎に入港する唐船《とうせん》も増加した。ただし、唐船渡航の増加は、鉱物資源（金・銀・銅）の産出量を減少させていた日本社会の許容範囲を越えており、徳川将軍家は輸出入量の安定をはかり、長崎入港の船数や取引額・品目を制限する路線（綱吉政権の定高仕法《さだめだかしほう》や、家宣政権の正徳新例《しょうとくしんれい》）を打ち出した。

その一方で、貿易制限に従わない唐船が海賊化して、不法行為（密貿易や略奪）を働く事件も増加して、範囲も九州から西国各地に広がっていった。また、大砲などで武装した唐船も存在し、取り締まりに出動した日本側の番船が砲撃されることもあった。かつて明を悩ませた倭寇的状況（国家統制から逸脱した海上活動）が発現したのである。

こうした事態から、徳川将軍家は吉宗《よしむね》政権期に九州・中国の諸大名に不法唐船の打ち払いを実行させた。打ち払いには、各大名の持船が使用され、長崎有事のような大動員ではないとしても、「平和」なはずの江戸時代にあって、海上軍事が実践されたことになる。

もっとも、将軍家は直轄水軍の再整備までは実施せず、唐船打ち払いは西国の諸大名に委ねられた。かつてのスペイン船・ポルトガル船とは問題の性質が違うとしても、船手頭を西国に派遣して、港湾調査にあたらせた一六四〇年代と比較して、沿岸警備体制を指導する姿勢の後退がみられる。この将軍家の意識の変化こそ、一八六〇年代の倒幕に至る西国雄藩《ゆうはん》との齟齬《そご》の兆候であったとみなすのは飛躍が過ぎようか。

ところで、徳川将軍家や西国大名にとって、唐船の不法活動は相応に深刻な課題だったが、それでも中国大陸南部における海賊活動と比較すれば、遥かに小規模なものでしかなかった。十八世紀以降、広東・福建などでは、内外の海上交易の隆盛に応じて、海賊行為も多発しており、清はその対策に苦心させられた。展海令が施行されたといっても、海禁そのものが撤廃されたわけではなく、国家統制から外れ、より自由な海上活動を望む動向が海賊行為として顕現したのである。清はこうした海賊勢力を抑制すべく、水軍を整備して、装備の更新を重ねており、一定の成果をあげていた。

しかし、その清の水軍も、アヘン戦争では、イングランドの海軍に敗退した。ヨーロッパで進行した軍事革命は、技術格差を一層拡大させ、東ユーラシア最大の軍事大国だった清ですら対抗できなかったのである。清の水軍と比較して、船舶・武装の更新を欠き、動員体制も弛緩していた日本の水軍が通用するはずはなく、ヨーロッパの制度・技術の摂取が課題として浮上することになった。やがて将軍家や諸大名は、より国家的性格の強い海軍の創出をおこない、政治秩序のあり方まで見直して、近代国民国家の成立へと繋がっていくが、それはもはや本書で扱いきれる議論ではないだろう。

おわりに

本書のテーマは、水軍と海賊のあり方を通じて戦国史の展開を追い、さらに江戸時代の海上軍事への連続性を問うことにあった。従来の議論は、海上勢力の自由・自立の喪失という観点から、断絶性に重点が置かれてきたが、本書の場合は、領域権力（将軍・大名）と海上勢力の結合という観点から、連続性を強調することになった。

世界史を見渡しても、十六世紀から十七世紀には、国家の権力と海賊の技量が結びつき、強大なシー・パワー（海上軍事力）を創出する事例が多く検出される。

たとえば、オスマン・トルコ帝国は、地中海地域を経略していく中で、北アフリカのバルバリア海賊と結び、バルバロス・ハイレッディンやウルチ・アリを提督として、海上軍事力の運用を託した。このオスマン海軍は、レパント海戦でスペインやヴェネチアなどの連合艦隊に大敗を喫したが、帝国はウルチ・アリの指導で、早期に艦隊を再建・強化させており、以後も地中海地域における優勢を概ね維持している。

また、本書ではあまり論及できなかったが、九州と中国大陸の間を往来した海賊商人（倭寇）の中にも、明に帰順してその権力と結びつこうとする動向があり、これに失敗したのが鉄炮伝来の立役者としても知られる王直《おうちょく》、成功したのが鄭芝龍《ていしりゅう》だった。とくに鄭芝龍と子息の鄭成功《ていせいこう》は、明清交代期に福建や台湾に割拠して、南明《なんみん》政権の中心となり、対日貿易をおこないつつ、清への抵抗を継続した。その一方で、清も鄭氏勢力から離脱した施琅《しろう》を提督に任じて、鄭氏を上回る規模の艦隊を編成させて、台湾の平定を成し遂げている。

さらに本書でも触れたように、イングランドはフランシス・ドレイクなどの海賊活動によって、スペインの海上交通を脅かし、アルマダ（無敵艦隊）を撃破するに至った。しかし、晩年のドレイクが精彩を欠き、カリブ海で窮死したように、国家権力による海上軍事力の整備に伴って、海賊単体の活動は徐々に通用し難くなりつつあった。

このように、洋の東西を問わず、国家権力と海賊の結合は、十六、十七世紀における海上軍事の趨勢《すうせい》であった。戦国大名や統一政権による海上軍事力の直轄化や、海賊の自立性の解体も、巨視的には、世界史の流れに相応に合致していた。たしかに日本の場合、十七世紀初頭で内乱を克服して、対外的にも外征を継続せずに沿岸警備にとどめたため、海上軍事力の更新は停滞した。しかし、一部で説かれるような、陸上の権力による海上勢力の抑圧、あるいは東国・徳川権力の海上軍事に関する後進性という評価はあたらない。

さて、水軍と海賊についての議論を十六世紀末期で終わらせるのではなく、十七世紀以降の幕藩体制下の海上軍事をより積極的に捉え、戦国史の展開から理解していくことは、著者の年来の持論であった。このたび、《中世から近世へ》シリーズの一冊としてまとめ、院生時代からのライフワークに一つの区切りがついたと思われる。

しかし、本書によって、著者の海上軍事研究が完成したというわけではない。

本書の執筆にあたっては、空間と時間を広くとるようにつとめたが、実際に扱うことができた空間は、瀬戸内海から東海・関東の海域に限られ、また「鎖国」以降の叙述も駆け足となった。より空間と時間を広げ、地域ごと、時期ごとに、水軍や海賊の特質を探りつつ普遍的な理解を導き出すことは、今後の課題としておきたい。

また、執筆を通じて再認識させられたのは、毛利氏の水軍に関する文書の多さである。これまでの著者は、徳川氏の水軍や、その前身となる武田氏の水軍を議論の中心に据えてきたが、やはり毛利氏の水軍を論じなければ、戦国期の水軍と海賊を理解しきることはできないと思われる。これも、今後取り組んでいくべき課題である。

ところで、本書の執筆について平凡社の坂田修治氏から最初にお誘いをいただいたのは二〇一六年秋のことであり、じつに三年以上の年月をかけることになってしまった。著者にとって、一般向けの書籍を単著として執筆することは初めての経験であり、さらにこの数年は、博士号取得から日本大学文理学部助教への着任、授業準備や大学事務など、目まぐるしいスケジュールに追われ、なかなか筆を進めることができなかった。

それでも、著者を叱咤しつつもけっして見捨てずに、完成まで導いてくださった坂田氏には、幾重にも感謝しなければならない。あわせて、脱稿後に校正作業や地図の調整にご尽力いただいた下中順平氏に御礼を申し上げたい。

最後に、読者諸賢におかれては、本書の内容を水軍論・海賊論の定型として捉えるのではなく、本書をきっかけとして、それぞれが水軍や海賊に関するイメージを広げていただきたい。その結果、水軍論・海賊論が一層進展していくことを祈願している。

二〇二〇年三月六日

小川　雄

戦国期水軍・海賊関連年表

和暦(年)		西暦(年)	水軍・海賊に関する出来事	主要な出来事
寛正	2	1461	村上国重・岐部茂美などが朝鮮から通航・貿易を許可される	
文明	10	1478	河野教通が伊予国来島に退避したという伝承あり	
明応	5	1496	大友政親が臼杵から筑前国に向かうも、赤間関で大内氏に拘束・殺害される	日野富子が死去する
	7	1498	東海沖の大地震によって、沿岸が大きな被害を受け、浜名湖も地峡が崩壊して海と繋がる	伊勢宗瑞が足利茶々丸を討ち取る
永正	5	1508	大内義興が大船団を率いて上洛し、足利義稙を将軍職に復帰させる この頃、能島村上氏が細川高国から塩飽諸島の代官職を与えられる	
	9	1512	駿河今川氏・尾張斯波氏が遠江国をめぐって対戦する中で、浜名湖東岸も戦場となる	

	13	1516	伊勢氏（北条氏）が三浦氏を滅ぼし、三浦半島を併合する	
	14	1517	阿波三好氏が淡路島に進出する	今川氏が遠江国を平定する
	15	1518	今川氏が三河・遠江国境で田原戸田氏と対戦し、今川方の朝比奈泰以（遠江懸川城主）は浜名湖を渡って参戦する	大内義興が京都から周防国に帰国する
	16	1519	河野通宣が来島で死去する	伊勢宗瑞が死去する
大永	元	1521	足利義稙が京都から淡路島に出奔する	足利義晴が将軍となる
	2	1522	安芸国仁保島で大内氏と安芸武田氏の水軍が交戦する	
	3	1523	大内氏の水軍が安芸国厳島を占領する	足利義稙が死去する
	4	1524	大内義興が厳島で指揮を執り、安芸桜尾城などを攻略する	北条氏が武蔵江戸城を攻略する
	5	1525	大内氏の水軍が安芸国矢野の野間氏を攻撃し、沼田小早川氏も協力する。また、大友氏も水軍で支援する	
	6	1526	安房里見氏の軍勢が鎌倉に侵攻し、鶴岡八幡宮を焼失させる	今川氏が「仮名目録」を定める
	7	1527	足利義維（義稙猶子）が細川晴元などに擁立され、阿波国から淡路島を経由して畿内に進出し、和泉国堺で政権を運営するようになる（天文元年に崩壊）	
			仁保島の白井氏が大内氏に帰順する	

			連歌師の宗長が浜名湖で鵜津山城を中心とする今川氏の湖上支配体制を実見する	
天文	2	1533	細川晴元が一向一揆に圧倒され、堺から淡路島に一時退避する 北条氏が里見氏の内訌に介入し、水軍を安房国に渡海させる	
	9	1540	大内氏の水軍が伊予国忽那島を攻撃する 尼子氏の安芸国侵攻に呼応して、能島村上氏が厳島を襲撃する	
	10	1541	大内氏の水軍が芸予諸島（大三島・能島・因島など）で軍事行動を展開し、河野氏は来島村上氏などに防戦を指示する 毛利氏が大内氏から佐東川下流域で知行地を給付される	尼子氏が毛利氏の吉田郡山城を抜けず、大内氏の後詰に大敗する 武田晴信が父信虎を駿河国に追放する
	11	1542	この頃、里見氏が重臣の正木時忠を上総勝浦城に入城させる	太平寺合戦で木沢長政が滅亡する
	13	1544	毛利元就の三男隆景が竹原小早川氏に入嗣する	
	15	1546	大内氏の水軍が伊予国越智島・中途島を攻撃する	北条氏が川越合戦で扇谷上杉氏を滅ぼす

	16	1547	この頃、大内氏・河野氏が和睦して、来島村上氏は大内方から厳島参詣者の路次安全をはかるように依頼される	武田氏が「甲州法度之次第」を定める
	17	1548	今川氏が田原戸田氏を没落させ、渥美半島を併合する	
	18	1549	三好長慶が細川晴元から離反し、淡路安宅氏・讃岐十河氏を主力として、淀川水系の攻防を制する	足利義晴が京都から退去する（翌年死去）
	20	1551	小早川隆景が沼田小早川氏も相続する	大寧寺の変で大内義隆が横死する
	21	1552	この頃、村上武吉が能島村上氏の主導権を掌握し、村上通康（来島家）の女婿となる	
	23	1554	毛利氏が大内氏から離反し、安芸国佐東郡の草津などを水軍の拠点に設定する 三好長慶が弟の三好実休・安宅冬康・十河一存と淡路洲本城で会談する	
弘治	元	1555	毛利氏が厳島合戦で大内氏重臣の陶晴賢を破る	武田氏・長尾氏が川中島で合戦する（第二次）
	2	1556	この頃、大友氏が本拠を豊後府中館から臼杵の丹生島城に移す	
	3	1557	毛利氏が大内氏を滅ぼし、周防・長門両国を平定する。一連の軍事行動に来島村上氏も参加する	倭寇の王直が明に投降する
永禄	元	1558	三好長慶が弟の三好実休・安宅冬康・十河一存と摂津国尼崎で会談する	足利義輝が京都に復帰する

1559	2	阿波三好氏が讃岐国の天霧香川氏を攻撃し、能島村上氏・来島村上氏も協力する	足利将軍家が大友氏を九州探題に補任する
1560	3	三好長慶が弟の三好実休・安宅冬康・十河一存と淡路洲本城で会談する	織田信長が桶狭間合戦で今川義元を討ち取る
		今川氏の尾張国侵攻に呼応して、鯏浦の服部左京亮が熱田を襲撃する	
		里見氏重臣の正木時茂が海路から下総国香取郡に侵攻する	
1561	4	長尾景虎（上杉謙信）が相模小田原城に迫り、里見氏の軍勢も海路から進軍する	長尾景虎が関東管領職を相続する
		毛利氏・大友氏が豊前国門司をめぐって対戦し、能島・来島・因島の村上氏は毛利方として参陣する	松平元康（徳川家康）が今川氏から離反する
1564	7	勝浦正木氏が里見氏から離反し、北条氏に従属して、海路から支援されるようになる	
1566	9	前年の足利義輝横死をうけ、足利義栄が阿波三好氏に後援され、淡路島経由で摂津国兵庫に渡海する	
1567	10	北条氏規が三崎城に入り、北条氏から三浦半島の支配、三浦衆の指揮権を委ねられる	
1568	11	来島村上氏が鳥坂合戦で土佐一条氏の北上を退ける	足利義昭が将軍となる
		阿波三好氏が備前国児島に出兵するが、能島村上氏の本太城在番衆に撃退される	

	12	1569	今川氏領国が武田氏・徳川氏に挟撃されて崩壊するも、当主氏真は遠江懸川城に籠り、浜名湖沿岸の拠点と連携して抗戦する 武田氏が駿河湾で水軍の編成に着手する 今川氏真が懸川城を徳川方に引き渡し、浜名湖沿岸の抵抗活動も停止する 織田氏が伊勢北畠氏を従属させ、九鬼嘉隆に志摩海賊の統率を委ねる 毛利氏・大友氏が筑前国立花山城をめぐって対戦。大友方は大内輝弘を若林氏の支援で周防国に上陸させ、毛利方は対応のために筑前国から撤退する この頃、勝浦正木氏が里見氏の従属下に復帰する	
元亀	元	1570	武田氏が江尻城を築き、駿河湾の支配拠点とする 河野氏・来島村上氏の間に対立が生じる	畿内周辺で足利義昭・織田信長に対抗する動向が相次ぐ
	2	1571	毛利氏と阿波三好氏が備前国児島をめぐって対戦し、能島村上氏は毛利氏から離反して、阿波水軍の支援を受ける この頃、武田氏が伊勢湾の海賊（小浜氏など）に駿河湾への移住を打診する	毛利元就が死去する 北条氏康が死去する
	3	1572	毛利氏が河野氏・来島村上氏の和睦、大友氏が毛利氏・能島村上氏の和睦を仲介する	武田信玄が三方ヶ原合戦で織田・徳川連合軍を破る

			武田氏が徳川氏領国に侵攻し、呼応した海賊が渥美半島の田原を襲撃する	
天正	2	1574	武田氏が遠江高天神城の攻囲にあたり、伊勢・伊豆方面からも兵糧を海路で調達する 織田氏が伊勢長島の一向一揆の討伐に際して、尾張・伊勢両国の海上勢力を動員する	
	3	1575	淡路安宅氏が織田氏に従属する	織田信長が長篠合戦で武田勝頼を破る
	4	1576	毛利氏が反織田氏陣営に参入し、水軍を大坂湾に出動させ、本願寺に対する海上支援を開始する（第一次木津川口海戦） 安宅氏が織田方から離反し、毛利氏の水軍が淡路島に進駐する	足利義昭が備後国鞆に入り、毛利氏との提携関係を成立させる
	5	1577	新宮堀内氏は毛利氏と連絡を取り合いながら、織田方の伊勢北畠氏・志摩九鬼氏に対抗する 上総国佐貫沖の海戦で、北条氏が里見氏を圧倒する。同年に北条氏・里見氏は和睦する	織田氏が紀伊雑賀衆を攻める
	6	1578	織田方が伊勢方面から大坂湾に水軍を出動させ、本願寺に対する海上攻勢を再編する（第二次木津川口海戦）	上杉謙信が死去して、御館の乱が始まる

7	1579	武田氏・北条氏の同盟が破綻し、武田氏は駿河沼津城、北条氏は伊豆長浜城の整備を進める	上杉景勝が御館の乱を制する
8	1580	本願寺が織田氏と講和して、大坂から退去するも、強硬派の一部は淡路衆・雑賀衆に支援され、四国に渡って反織田氏活動を継続する 大友氏が毛利氏の海上支援を排除し、飯塚田原氏を没落に追い込む	
9	1581	武田氏が海上戦で北条氏を圧倒し、その攻勢は伊豆半島南部にまで及ぶ 羽柴秀吉が淡路島に出兵して、安宅氏を織田方に復帰させる	徳川氏が武田方の遠江高天神城を攻略する
10	1582	新宮堀内氏が織田氏に帰順する 織田方の備前宇喜多氏が児島の攻略をはかるが、八浜で毛利方に敗退する 来島村上氏が織田氏に帰順するが、かえって芸予海域で孤立する 徳川氏・北条氏が旧武田氏領国をめぐって対戦し、徳川方は旧武田水軍を駿河湾で運用する	武田氏が滅亡する 本能寺の変で織田信長が横死する
11	1583	毛利氏が来島を攻略し、村上通総（来島家当主）は羽柴氏のもとに身を寄せるが、得居通幸（通総庶兄）は鹿島で抵抗を継続する	羽柴秀吉が賤ヶ岳合戦に勝利して、織田政権の主導権を掌握する

年号	年	西暦	水軍・海賊関連	一般事項
	12	1584	小牧の陣にて、羽柴方・徳川方とも水軍を伊勢湾・三河湾の各地で活動させる 羽柴氏が淡路島から安宅氏を転封させる	
	13	1585	豊臣政権が四国を平定。河野氏は没落するが、来島村上氏は本領に復帰し、豊臣大名化を確定させる	羽柴秀吉が関白となる
	15	1587	豊臣政権が九州を平定。小西行長・九鬼嘉隆などは海上輸送を支援しつつ、薩摩国平佐まで進軍する。戦後、小早川隆景が筑前国主に取り立てられる 豊臣政権が能島村上氏の賊船行為を譴責する	豊臣政権が伴天連追放令を出す
	16	1588	毛利氏が能島村上氏を筑前国冠に移封させる 北条氏が豊臣政権との海上戦を想定し、伊豆下田城を築く	
	18	1590	小田原合戦にて、羽柴方が西国・畿内の水軍も動員して、伊豆半島や小田原沖を制圧する 里見氏が三浦半島や江戸・品川周辺に侵攻するが、戦後は安房国のみを安堵される 徳川氏が東海から関東に移封され、三浦半島の三崎を海賊衆の拠点とする	北条氏が没落する
文禄	元	1592	豊臣政権が朝鮮出兵を開始。慶尚道南岸を中心に日朝両水軍の戦闘が繰り返されていく	

	2	1593	日本水軍の苦戦をうけ、豊臣政権は諸大名に安宅船の建造を指示する 日本軍が釜山・巨済島周辺で城郭（倭城）の整備を進め、朝鮮水軍の攻勢は停滞する	日明の講和交渉が本格化する
	4	1595	豊臣政権が藤堂高虎・加藤嘉明を伊予国に転封させる	羽柴秀吉が秀次を粛清する
慶長	2	1597	豊臣政権が朝鮮に再度出兵。日本水軍は巨済島海戦で朝鮮水軍を壊滅させ、慶尚道・全羅道の南部沿岸を制圧する	
	3	1598	日本軍が朝鮮から撤退。順天城をめぐる攻防で朝鮮水軍の李舜臣が戦死する	羽柴秀吉が死去する
	5	1600	関ヶ原合戦にて、毛利氏が伊勢湾に水軍を派遣し、九鬼嘉隆・堀内氏善なども同調する 戦後、毛利氏は大幅に領国を削減、堀内氏は改易、来島村上氏は内陸に転封される	徳川家康が関ヶ原合戦に勝利し、政治的主導権を掌握する
	9	1604	村上武吉が屋代島（毛利氏領国）で死去する	
	14	1609	徳川将軍家が西国大名から五〇〇石積以上の船舶を接収する	
	15	1610	淡路島が播磨池田氏の領国に編入される	
	18	1613	伊達政宗が向井氏（徳川将軍家の船手頭）の助力を得て、サン・ファン・バウチスタ号を建造し、太平洋を渡ってメキシコに派遣する（慶長遣欧使節）	

年号	年	西暦	事項	関連事項
	19	1614	徳川将軍家が里見氏から安房国を召し上げ、本拠の館山などを直轄化する 大坂冬の陣にて、徳川方の水軍が天満川河口部を制圧する。また、館山・木更津・神奈川などから水夫が動員される	
元和	元	1615	大坂夏の陣にて、徳川方の水軍が摂津国尼崎を拠点として羽柴方の海上補給を遮断する。また、落城時の残敵掃討にも参加する 淡路島が阿波蜂須賀氏の領国に編入される	羽柴氏が滅亡する
	2	1616	徳川将軍家が伊豆下田奉行を創設する	徳川家康が死去する
	6	1620	徳川将軍家が大坂に船手頭を配置して、以後、同職を小浜氏（もと志摩海賊）が襲職していく	
寛永	2	1625	徳川将軍家が安房国館山（旧里見氏本拠）に船手頭石川政次の知行地を設定する	
	8	1631	徳川将軍家が船手頭向井忠勝に安宅丸の建造を開始させる	
	10	1633	徳川将軍家が志摩九鬼氏を内陸に転封し、伊勢山田奉行に船手役（水軍活動）を兼ねさせる	
	12	1635	徳川将軍家が武家諸法度を改定し、五〇〇石積以上の船舶の保有禁止を明文化する	

			徳川家光が江戸で安宅丸を上覧して、諸大名を船上で饗応する	
	14	1637	肥前国島原でキリシタンなどが蜂起。大坂船手は近隣の諸大名から船舶を供出させ、海上輸送の支援にあたる	
	17	1640	徳川将軍家が江戸の船手頭を西国に出張させ、諸港湾の巡検にあたらせる（寛永十九年まで三次）	
正保	4	1647	ポルトガル使節の長崎来航に対応して、徳川将軍家は北九州諸大名の水軍を長崎に集め、ポルトガル船を威圧して退去させる	

主要参考文献

＊論文は多数に及ぶため、左記の書籍に収録されているものとの重複は避けた

著書

芥川龍男『豊後大友氏』（戦国史叢書9　新人物往来社、一九七二年）
浅倉直美編『玉縄北条氏』（論集 戦国大名と国衆9　岩田書院、二〇一二年）
安達裕之『異様の船――洋式船導入と鎖国体制』（平凡社選書157　一九九五年）
同『日本の船 和船編』（日本海事科学振興財団 船の科学館、一九九八年）
天野忠幸『三好長慶――諸人之を仰ぐこと北斗泰山』（ミネルヴァ日本評伝選　二〇一四年）
同『増補版 戦国期三好政権の研究』（清文堂出版、二〇一五年）
同『三好一族と織田信長――「天下」をめぐる覇権戦争』（中世武士選書31　戎光祥出版、二〇一六年）
同『荒木村重』（シリーズ 実像に迫る10　戎光祥出版、二〇一七年）
同 編『阿波三好氏』（論集 戦国大名と国衆10　岩田書院、二〇一二年）
石井謙治『図説 和船史話』（図説日本海事史話叢書1　至誠堂、一九八三年）
同『和船Ⅱ』（ものと人間の文化史76－Ⅱ　法政大学出版局、一九九五年）

石野弥栄『中世河野氏権力の形成と展開』（戎光祥研究叢書5　戎光祥出版、二〇一五年）
宇田川武久『瀬戸内水軍』（教育社歴史新書〈日本史〉65　教育社、一九八一年）
同『日本の海賊』（誠文堂新光社、一九八三年）
同『戦国水軍の興亡』（平凡社新書158　二〇〇二年）
大石泰史編『全国国衆ガイド――戦国の〝地元の殿様〟たち』（星海社新書70　講談社、二〇一五年）
小川　雄『徳川権力と海上軍事』（戦国史研究叢書15　岩田書院、二〇一六年）
小高春雄『房総里見氏の城郭と合戦』（図説 日本の城郭シリーズ9　戎光祥出版、二〇一八年）
小和田哲男『中世城郭史の研究』（小和田哲男著作集6　清文堂出版、二〇〇二年）
鹿毛敏夫『戦国大名の外交と都市・流通――豊後大友氏と東アジア世界』（思文閣出版、二〇〇六年）
同『アジアン戦国大名大友氏の研究』（吉川弘文館、二〇一一年）
笠谷和比古・黒田慶一『秀吉の野望と誤算――文禄・慶長の役と関ケ原合戦』（文英堂、二〇〇〇年）
金谷匡人『海賊たちの中世』（歴史文化ライブラリー56　吉川弘文館、一九九八年）
河合正治『瀬戸内海の歴史』（日本歴史新書　至文堂、一九六七年）
同『安芸毛利一族』（新人物往来社、一九八四年）
河岡武春『海の民――漁村の歴史と民俗』（平凡社選書104　一九八七年）
川岡　勉『中世の地域権力と西国社会』（清文堂出版、二〇〇六年）
川岡　勉・西尾和美『伊予河野氏と中世瀬戸内世界――戦国時代の西国守護』（愛媛新聞社、二〇〇四年）
神田千里『一向一揆と石山合戦』（戦争の日本史14　吉川弘文館、二〇〇七年）
岸田裕之『大名領国の経済構造』（岩波書店、二〇〇一年）

同　『毛利元就――武威天下無双、下民憐愍の文徳は未だ』（ミネルヴァ日本評伝選　二〇一四年）
北島万次『豊臣政権の対外認識と朝鮮侵略』（歴史科学叢書　校倉書房、一九九〇年）
同『豊臣秀吉の朝鮮侵略』（日本歴史叢書新装版　吉川弘文館、一九九五年）
同『壬辰倭乱と秀吉・島津・李舜臣』（校倉書房、二〇〇二年）
同『加藤清正――朝鮮侵略の実像』（歴史文化ライブラリー230　吉川弘文館、二〇〇七年）
北村　章『備前児島と常山城――戦国両雄の狭間で』（山陽新聞社、一九九四年）
木村直樹『幕藩制国家と東アジア世界』（吉川弘文館、二〇〇九年）
金在瑾著・桜井健郎訳『亀船』（文芸社、二〇〇一年）
久芳　崇『東アジアの兵器革命――十六世紀中国に渡った日本の鉄砲』（吉川弘文館、二〇一〇年）
黒嶋　敏『海の武士団――水軍と海賊のあいだ』（講談社選書メチエ559　二〇一三年）
黒田基樹『戦国の房総と北条氏』（岩田選書「地域の中世」4　岩田書院、二〇〇八年）
桜井英治『日本中世の経済構造』（岩波書店、一九九六年）
佐藤和夫『日本水軍史』（原書房、一九八五年）
同『日本中世水軍の研究――梶原氏とその時代』（錦正社史学叢書　一九九三年）
佐藤博信『江戸湾をめぐる中世』（思文閣出版、二〇〇〇年）
柴辻俊六『戦国大名領の研究――甲斐武田氏領の展開』（名著出版、一九八一年）
清水有子『近世日本とルソン――「鎖国」形成史再考』（東京堂出版、二〇一二年）
白峰　旬『豊臣の城・徳川の城――戦争・政治と城郭』（校倉書房、二〇〇三年）
杉浦昭典『海賊キャプテン・ドレーク――イギリスを救った海の英雄』（中公新書836　一九八七年）

鈴木かほる『史料が語る向井水軍とその周辺』（新潮社図書編集室、二〇一四年）
鈴木眞哉『戦国鉄砲・傭兵隊――天下人に逆らった紀州雑賀衆』（平凡社新書236　二〇〇四年）
曽根勇二『近世国家の形成と戦争体制』（歴史科学叢書　校倉書房、二〇〇四年）
滝川恒昭編著『房総里見氏』（シリーズ 中世関東武士の研究13　戎光祥出版、二〇一四年）
田中健夫『中世対外関係史』（東京大学出版会、一九七五年）
千野原靖方『房総里見水軍の研究』（崙書房、一九八一年）
同『新編 房総戦国史』（崙書房出版、二〇〇〇年）
同『戦国期江戸湾海上軍事と行徳塩業』（岩田書院、二〇〇一年）
津野倫明『長宗我部氏の研究』（吉川弘文館、二〇一二年）
同『長宗我部元親と四国』（「人をあるく」シリーズ　吉川弘文館、二〇一四年）
外山幹夫『大友宗麟』（人物叢書172　吉川弘文館、一九七五年）
鳥津亮二『小西行長――「抹殺」されたキリシタン大名の実像』（史料で読む戦国史　八木書店、二〇一〇年）
長沼賢海『日本の海賊』（至文堂、一九五五年）
中野　等『秀吉の軍令と大陸侵攻』（吉川弘文館、二〇〇六年）
同『文禄・慶長の役』（戦争の日本史16　吉川弘文館、二〇〇八年）
永原慶二『戦国期の政治経済構造』（岩波書店、一九九七年）
西尾和美『戦国期の権力と婚姻』（清文堂出版、二〇〇五年）
則竹雄一『戦国大名領国の権力構造』（吉川弘文館、二〇〇五年）
橋詰　茂『瀬戸内海地域社会と織田権力』（思文閣出版、二〇〇七年）

平井上総『長宗我部元親・盛親――四国一篇に切随へ、恣に威勢を振ふ』(ミネルヴァ日本評伝選　二〇一六年)
藤木久志『豊臣平和令と戦国社会』(東京大学出版会、一九八五年)
藤田達生『日本近世国家成立史の研究』(歴史科学叢書　校倉書房、二〇〇一年)
同『証言　本能寺の変』(史料で読む戦国史　八木書店、二〇一〇年)
同『秀吉と海賊大名――海から見た戦国終焉』(中公新書２１４６　二〇一二年)
同　編『伊勢国司北畠氏の研究』(吉川弘文館、二〇〇四年)
藤本正行『信長の戦国軍事学――戦術家・織田信長の実像』(ＪＩＣＣ出版局、一九九三年)
松浦　章『中国の海商と海賊』(世界史リブレット63　山川出版社、二〇〇三年)
松尾晋一『江戸幕府の対外政策と沿岸警備』(歴史科学叢書　校倉書房、二〇一〇年)
同『江戸幕府と国防』(講談社選書メチエ543　二〇一三年)
松岡　進『瀬戸内水軍史』(私家版、一九六六年)
松岡久人『大内氏の研究』(清文堂出版、二〇一一年)
真鍋淳哉『戦国江戸湾の海賊――北条水軍vs里見水軍』(シリーズ 実像に迫る16　戎光祥出版、二〇一八年)
丸島和洋『戦国大名武田氏の家臣団――信玄・勝頼を支えた家臣たち』(教育評論社、二〇一六年)
三鬼清一郎『豊臣政権の法と朝鮮出兵』(青史出版、二〇一二年)
水野茂編著『今川氏の城郭と合戦』(図説 日本の城郭シリーズ11　戎光祥出版、二〇一八年)
光成準治『毛利輝元――西国の儀任せ置かるの由候』(ミネルヴァ日本評伝選　二〇一六年)
同『小早川隆景・秀秋――消え候わんとて、光増すと申す』(ミネルヴァ日本評伝選　二〇一九年)
峰岸純夫『中世災害・戦乱の社会史』(歴史文化セレクション　吉川弘文館、二〇〇一年)

村井章介『日本中世の異文化接触』（東京大学出版会、二〇一三年）
村井良介編『安芸毛利氏』（論集 戦国大名と国衆17 岩田書院、二〇一五年）
盛本昌広『中世南関東の港湾都市と流通』（岩田選書「地域の中世」6 岩田書院、二〇一〇年）
山内治朋編『伊予河野氏』（論集 戦国大名と国衆18 岩田書院、二〇一五年）
山内 譲『海賊と海城――瀬戸内の戦国史』（平凡社選書168 一九九七年）
同『中世瀬戸内海地域史の研究』（法政大学出版局、一九九八年）
同『中世瀬戸内海の旅人たち』（歴史文化ライブラリー169 吉川弘文館、二〇〇四年）
同『瀬戸内の海賊――村上武吉の戦い』（講談社選書メチエ322 二〇〇五年）
同『中世の港と海賊』（法政大学出版局、二〇一一年）
同『海賊衆――来島村上氏とその時代』（私家版、二〇一四年）
同『豊臣水軍興亡史』（吉川弘文館、二〇一六年）
同『海賊の日本史』（講談社現代新書2483 二〇一八年）
山口真史『戦国大名北条氏――伊豆郡代清水氏の研究』（碧水社、二〇一二年）
山田邦明『戦国時代の東三河――牧野氏と戸田氏』（愛知大学綜合郷土研究所ブックレット23 あるむ、二〇一四年）
同 編『関東戦国全史――関東から始まった戦国150年戦争』（洋泉社歴史新書y79 二〇一八年）
山本浩樹『西国の戦国合戦』（戦争の日本史12 吉川弘文館、二〇〇七年）
山本博文『寛永時代』（日本歴史叢書39 吉川弘文館、一九八九年）
同『幕藩制の成立と近世の国制』（歴史科学叢書 校倉書房、一九九〇年）

同　『鎖国と海禁の時代』（校倉書房、一九九五年）
李炯錫著・新現実社訳『壬辰戦乱史――文録・慶長の役』（東洋図書出版、一九七七年）
若松和三郎『戦国三好氏と篠原長房』（中世武士選書17　戎光祥出版、二〇一三年）
渡部　淳『検証・山内一豊伝説――「内助の功」と「大出世」の虚実』（講談社現代新書1812　二〇〇五年）
渡辺世祐監修・三卿伝編纂所編『毛利元就卿伝』（マツノ書店、一九八四年）
渡辺世祐監修・三卿伝編纂所編『毛利輝元卿伝』（マツノ書店、一九八二年）
綿貫友子『中世東国の太平洋海運』（東京大学出版会、一九九八年）

論文

石井謙治「巨船安宅丸の研究」（『海事史研究』第二二号、一九七四年）
同　「『江戸図屏風』の船――船行列を中心として」（『海事史研究』第七一号、二〇一四年）
伊藤義一「文禄慶長の役と伊予水軍（上・下）」（『伊予史談』第二四七・二四九号、一九八二・一九八三年）
上野尚美「後北条水軍梶原氏と紀伊」（『沼津市博物館紀要』第二六号、二〇〇二年）
大上幹広「戦国末期の能島村上氏と河野氏――天正十二年を中心に」（『地方史研究』第三九九号、二〇一九年）
同　「豊臣期の能島村上氏――海賊衆の変質」（『戦国史研究』第七八号、二〇一九年）
小川　雄「戦国・豊臣大名徳川氏と形原松平氏――海上活動を中心に」（戦国史研究会編『戦国期政治史論集　西国編』岩田書院、二〇一七年）
鴨川達夫「武田氏の海賊衆小浜景隆」（萩原三雄・笹本正治編『定本・武田信玄』高志書院、二〇〇二年）

桑名洋一「天正期沖家騒動に関する一考察――村上元吉を中心として」(『四国中世史研究』第一一号、二〇一一年)
同「天正期賀嶋城合戦に関する一考察」(『伊予史談』第三七二号、二〇一四年)
佐伯弘次「室町時代の遣明船警固について」(九州大学国史学研究室編『古代中世史論集』吉川弘文館、二〇一〇年)
佐藤正隆「中世後期における伊予守護河野氏と島嶼部領主」(『国史談話会雑誌』第五三号、二〇一二年)
滝川恒昭「戦国期江戸湾岸における『海城』の存在形態」(『千葉城郭研究』第三号、一九九四年)
津野倫明「巨済島海戦に関する一注進状」(『人文科学研究』第一九号、二〇一三年)
寺川　仁「戦国初期における守護大名河野氏と海賊衆来島村上氏――来島騒動の検討を中心に」(『瀬戸内海地域史研究』第八輯、二〇〇〇年)
得能弘一「戦国期における海賊衆来島村上氏の動向」(『伊予史談』第三一一号、一九九八年)
中西　豪「李舜臣の朝鮮海峡封鎖作戦」(『歴史群像』No.六一、二〇〇三年)
同「三路戦役　蔚山・泗川・順天攻防戦」(『歴史群像』No.一四八、二〇一八年)
中平景介「天正一一年鹿島城の戦いの再検討」(『湘南史学』第二〇号、二〇一一年)
同「天正前期の阿波をめぐる政治情勢――三好存保の動向を中心に」(『戦国史研究』第六六号、二〇一三年)
同「織田・毛利戦争と淡路」(『駒沢史学』第九四号、二〇二〇年)
浜名敏夫「北条水軍山本氏について――里見水軍との海戦をめぐって」(千葉歴史学会『中世東国の地域権力と社会』岩田書院、一九九六年)

播磨良紀「秀長執政期の紀州支配について」（安藤精一先生退官記念会編『和歌山地方史の研究』安藤精一先生退官記念会、一九八七年）
同「紀伊堀内氏と那智――戦国・織豊期の紀南支配を通じて」（『和歌山地方史研究』第四一号、二〇〇一年）
福川一徳「豊後水軍についての一考察」（『九州史研究』第三号、一九八二年）
同「戦国期における伊予と豊後――水軍をめぐる諸問題」（地方史研究協議会編『瀬戸内社会の形成と展開』雄山閣、一九八三年）
同「関ヶ原の役と来島氏」（『伊予史談』第二六二号、一九八六年）
同「『島家遺事』――村上水軍島氏について」（『瀬戸内海地域史研究』第二輯、一九八九年）
同「元亀―天正年間の大友・毛利の戦い」（『軍事史学』第二六巻第四号、一九九一年）
古川祐貴「慶安期における沿岸警備体制」（『日本歴史』第七五八号、二〇一一年）
村井益男「水軍についての覚書」（『日本大学文学部研究年報』Ⅰ、一九五二年）
盛本昌広「北条氏海賊の動向」（佐藤博信編『中世房総と東国社会』岩田書院、二〇一二年）
森脇崇文「足利義昭帰洛戦争の展開と四国情勢」（地方史研究協議会編『徳島発展の歴史的基盤』雄山閣、二〇一八年）
山下知之「戦国末期阿波国の政治情勢と阿波三好氏権力」（『四国中世史研究』第一五号、二〇一九年）
山本美子「近世の長崎の警衛について」（岩生成一編『近世の洋学と海外交渉』巌南堂書店、一九七九年）
湯山　学「戦国時代の六浦・三浦――房総との関係を中心に」（『中世房総』第二号、一九八七年）
横田佳恵「老中体制下の長崎防備体制」（『日蘭学会会誌』第三七号、一九九四年）

小川 雄（おがわ ゆう）

1979年神奈川県生まれ。日本大学大学院文学研究科日本史専攻博士後期課程満期退学。博士（文学）。専門は日本中近世移行期史。逗子市教育委員会非常勤事務嘱託・西尾市史編集委員会執筆員・清瀬市史編纂委員会専門調査員を経て、現在、日本大学文理学部助教。著書に『徳川権力と海上軍事』（岩田書院）、編著に『徳川水軍関係文書』（戦国史研究会史料集）、共著に『阿茶局』（文芸社）、分担執筆に戦国史研究会編『織田権力の領域支配』（岩田書院）、日本史史料研究会編『信長研究の最前線 ここまでわかった「革新者」の実像』（洋泉社歴史新書ｙ）などがある。

［中世から近世へ］

水軍《すいぐん》と海賊《かいぞく》の戦国史《せんごくし》

発行日　2020年４月24日　初版第１刷

著者　小川 雄
発行者　下中美都
発行所　株式会社平凡社
〒101-0051 東京都千代田区神田神保町3-29
電話（03）3230-6581［編集］（03）3230-6573［営業］
振替 00180-0-29639
ホームページ https://www.heibonsha.co.jp/
印刷・製本　株式会社東京印書館
DTP　平凡社制作

ISBN978-4-582-47742-9
NDC分類番号210.47　四六判（18.8cm）　総ページ240

肥前名護屋城図屏風（六曲一隻のうち第五、六扇部分　佐賀県立名護屋城博物館蔵）
豊臣政権期の朝鮮出兵で、軍用船の大型化はピークを迎えた。こののち徳川将軍家は大船の接収に動き、過剰な規模に膨れ上がった大名の水軍を整理していく。しかし、海賊や水軍の統制は江戸時代に入り、にわかに起きたわけではない。むしろ戦国期より徐々に進行していた。